LA SABIDURÍA DE LOS CHAMANES

Don Jose Ruiz

LA SABIDURÍA DE LOS CHAMANES

ENSEÑANZAS DE LOS ANTIGUOS MAESTROS SOBRE LA VIDA Y EL AMOR

URANO

Argentina – Chile – Colombia – España
Estados Unidos – México – Perú – Uruguay

Título original: *The Wisdom of the Shamans*
Editor orininal: Hierophant Publishing, San Antonio, Texas
Traducción: Antonio Padilla Esteban

1.ª edición Octubre 2018

Copyright © 2018 *by* Don Jose Ruiz
Published by arrangement with Hierophant Publishing Corp.
All Rights Reserved
© 2018 de la traducción *by* Antonio Padilla Esteban
© 2018 *by* Ediciones Urano, S.A.U.
Plaza de los Reyes Magos 8, piso 1.º C y D – 28007 Madrid
www.edicionesurano.com

ISBN: 978-84-16720-44-6
E-ISBN: 978-84-17312-78-7
Despósito legal: B-22.777-2018

Fotocomposición: Ediciones Urano, S.A.U.

Impreso por MACROLIBROS, S.L.
Polígono Industrial de Argales – Vázquez de Menchaca, 9 – 47008 Valladolid

Impreso en España – *Printed in Spain*

ÍNDICE

PRÓLOGO

Mucho se ha hablado y escrito sobre los chamanes de América del Norte y de América Central desde que los europeos comenzaron a llegar al continente americano en masa hace más de 500 años. Han recibido nombres de todo tipo: brujos, curanderos, magos incluso. Ha solido considerarse que sus ideas sobre la vida respondían al primitivismo, a la ignorancia, a la superstición; que, por lo demás, no eran tan «ilustradas» como las de sus equivalentes europeos.

Desde siempre, se ha dado por supuesto que los chamanes eran varones; hoy está demostrado que dicha presunción estaba más fundamentada en los prejuicios de quienes escribieron sobre ellos que en la realidad histórica. En lo que a mí respecta, nunca lo vi de este modo, porque, durante mi propia niñez y adolescencia, mi abuela era la chamana más poderosa de nuestra familia.

En el plano lingüístico, la palabra *chamán* seguramente era desconocida para la abrumadora mayoría de culturas nativas ajenas a los grupos humanos del noreste de Asia de los que este término parece proceder. En mi propia tradición, la de del pueblo tolteca radicado en el actual México, los chamanes recibían el nombre de *naguales*, o «los que han sido despertados» en nuestro idioma náhuatl. Vale la pena apuntar que la palabra *nagual* tiene un significado adicional: también es la palabra que designa la energía de la fuerza vital, la divinidad que está presente en el interior de todos nosotros. Vemos que, en su conjunto, los toltecas creen que toda persona es un *nagual*, si bien los chamanes son los únicos que se dan cuenta de esta circunstancia.

Por cuestión de uniformidad, y porque ninguna palabra tiene significado en ausencia de nuestro acuerdo, voy a utilizar *chamán* a lo largo del libro para describir a aquella persona que se da cuenta de la circunstancia de que todos somos esta energía fundamental de la fuerza vital, pues se trata del significado más extendido en el mundo de hoy.

A escala global, el *chamanismo* se refiere a la religión o tradición espiritual de las culturas nativas de todo el mundo. Suele considerarse que tales tradiciones espirituales tienen ciertos rasgos en común: el respeto a la naturaleza, el respeto a la vida en todas sus formas y el respeto a los ancestros. Si bien todo esto es cierto, tan solo constituye un atisbo infinitesimal de la verdadera práctica del chamanismo.

La buena noticia: vemos que estas antiguas ideas sobre el chamanismo están alcanzando mayor difusión en los últimos tiempos, en parte gracias a la obra de mi padre, don Miguel Ruiz, y a la de Carlos Castañeda y muchos otros. El mundo moderno está empezando a asimilar lo que mi familia ha conocido y transmitido por medio de la tradición oral durante más de un millar de años; esto es, que los chamanes fueron tanto hombres como mujeres, y que sus ideas nada tenían de primitivo. De hecho, el papel que desempeñaban en sus comunidades era el de una avanzada combinación de filósofo, líder espiritual, médico, psicólogo y amigo.

Situados en este contexto, algunas preguntas resultan ineludibles: ¿qué sabían estos viejos maestros? ¿Cómo adquirieron y transmitieron dicho conocimiento? ¿Es posible que tal conocimiento pueda ayudarnos a vivir nuestras vidas en el mundo moderno? El propósito de este libro es el de responder a las cuestiones de este tipo.

Como verás en las páginas que siguen, estoy personalmente convencido de que la sabiduría de los antiguos maestros no era algo primitivo o exclusivamente reservado a los varones, sino que constituía una compleja, poderosa serie de enseñanzas a la que la humanidad entera podía acceder. Es la sabiduría del despertar, de encontrar tu propia libertad personal, de vivir en paz y armonía, de servir a otros y servir al planeta.

En pocas palabras, es la sabiduría del *amor* y de la *vida*.

EXPLICACIÓN DE PALABRAS CLAVE

Aliado: la voz del narrador que te inspira a vivir, crear y amar de forma incondicional. El aliado también puede ofrecerte revelaciones de carácter constructivo.

Apego: la acción de convertir algo ajeno en algo que forma parte de ti por medio de una inversión emocional o de energía. Puedes apegarte a creencias, ideas u objetos externos, y hasta a los papeles que desempeñas en el mundo.

Conocimiento silencioso: el entendimiento que va más allá de la mente pensante/discernidora. El conocimiento silencioso es la sabiduría profunda e innata que está presente en todas las cosas.

Chamán: aquel que ha despertado y se da cuenta de que todos los seres son la energía de la fuerza vital, y que los seres humanos están soñando de forma constante.

Domesticación: el principal sistema de control que se da en el Sueño del Planeta. Desde que somos niños, nos recompensan o castigan con la finalidad de que adoptemos las creencias y los comportamientos que otros consideran aceptables. Tras adoptar tales creencias y comportamientos como resultado de la recompensa o el castigo, puede decirse que hemos sido domesticados.

Mitote: palabra náhuatl que significa «caos» y que denota la idea de un millar de personas hablando en tu mente de forma simultánea, sin que nadie escuche.

Nagual: palabra náhuatl con dos significados. En primer lugar, es el término tradicional que designa a los chamanes del pueblo tolteca. En segundo lugar, y también en sentido tradicional, la palabra describe la energía de la fuerza vital y la divinidad inscrita en el seno de todos los seres.

Náhuatl: la lengua de los antiguos pueblos toltecas.

Narradores: las voces en tu cabeza que te hablan a lo largo del día. Pueden ser de signo positivo (el aliado) o negativo (el parásito).

Parásito: la voz del narrador que utiliza tus creencias —establecidas a través de la domesticación y el apego— para ejercer el poder sobre ti haciendo que la aceptación y el amor a tu propia persona esté sujeto a condiciones. Esta voz negativa es causa de tristeza, angustia y miedo.

Sueño personal: la realidad única creada por cada individuo; la perspectiva personal de cada uno. Es la manifestación de la relación entre tu mente y cuerpo.

Sueño del Planeta: la combinación de cada ser que forma parte del sueño personal del mundo, o el mundo en que vivimos.

Teotihuacán: antigua ciudad enclavada al sur del centro de México que fue el hogar del pueblo tolteca hace 2.500 años, bien conocida por sus pirámides.

Tolteca, guerrero: persona que se ha propuesto emplear las enseñanzas de la tradición tolteca para salir vencedor de la batalla interior contra la domesticación y el apego.

Tolteca, pueblo: antiguo grupo nativo americano que confluyó en el sur y centro de México para estudiar la percepción. La palabra *tolteca* significa «artista».

Toma de conciencia: la práctica de prestar atención en el momento presente a cuanto tiene lugar dentro de tu cuerpo y de tu mente, así como en tu entorno inmediato.

INTRODUCCIÓN

La sabiduría que estás buscando se encuentra en tu interior. Haz una pausa y siente la verdad de estas palabras.

Uno de los aspectos más importantes del chamanismo es que dentro de cada uno de nosotros anida la luz, la divinidad o, como hubieran dicho mis ancestros, el *nagual*. Cada uno de nosotros cuenta con su propia verdad en su interior. La misión del chamán consiste en encontrarla, vivirla y expresarla.

A diferencia de otras tradiciones, el chamanismo no se basa en la jerarquía y la deferencia a maestros del pasado, ni en el seguimiento ciego y fervoroso de un texto sagrado, sino en el descubrimiento de las verdades que están en tu interior y en su transmisión al mundo para convertirte en un mensajero de la verdad, en un mensajero del amor.

El camino del chamán en gran medida es un viaje individual. Los rituales, los libros y las herramientas, e incluso los demás chamanes no pasan de ser unos guías que te servirán de ayuda para encontrar la sabiduría profundamente inscrita en tu interior. No hay dos viajes chamánicos que sean iguales, pues, en último término, cada uno de nosotros establece su propio camino único, crea su propio arte y se expresa a su modo tan hermoso como individual. Es la razón por la que acostumbro a decir que en el viaje chamánico eres tanto el alumno como el maestro, y que la vida está expresándose a través de ti.

En mi propia tradición, la del pueblo tolteca del sur de México central, decimos que todos somos artistas. De hecho, la palabra *tolteca* significa «artista». Y aquí no nos limitamos al sentido tradicional de la palabra —pintor, escultor y demás—, ni a los miembros de mi tribu ancestral; dicha designación se extiende a todos los seres humanos de este tan bello planeta. La simple verdad es que cada persona es un artista, y que el arte que creamos es la historia de nuestra vida.

Si la tradición tolteca supone el camino del artista, también podemos decir que la trayectoria chamánica en realidad es una invitación para que tú, el artista, crees tu propia obra maestra, utilices todo cuanto hay en tu vida como el pincel con que pintar tu propio lienzo de la libertad personal.

En la tradición tolteca también decimos que cada individuo está soñando de forma constante. Y esto es así porque tan solo puedes contemplar la vida a través de tus propios filtros, el filtro de «Jose», en mi propio caso. Por consiguiente, la vida que percibes es un reflejo de tus percepciones y creencias. No es real, sino que se trata de un sueño. Para algunos, esta última afirmación puede sonar de forma negativa, pero de hecho es positiva, porque si tu vida es un sueño, y si terminas por darte cuenta de que quien está soñando eres tú, entonces puedes crear de forma consciente el sueño que quieres ver y vivir la existencia que quieres vivir.

Hay dos sueños precisos que conforman lo que llamamos vida. En primer lugar está el *sueño personal*, que es tu propia perspectiva. Es el modo en que ves el mundo que te rodea y cómo lo interpretas en tu mente por medio de los relatos que te cuentas a ti mismo sobre aquello que percibes. Cosas como «Me llamo Jose», «Mis padres son Miguel y Maria», «Nací en 1978» o «Vivo en tal lugar, este es mi coche, mi casa, mi pareja, etcétera» forman parte de tu propio sueño personal.

También está el *Sueño del Planeta* o el sueño colectivo de todos nosotros. El Sueño del Planeta es la suma global de todos nuestros sueños personales, y juntos componen el mundo en que vivimos. Juntos hemos creado los mares, las montañas, las flores, las guerras, las tecnologías, los conceptos del bien y el mal. Todo. El Sueño del Planeta es la combinación de todos nuestros sueños personales y establece la base sobre la que interactuamos y nos comunicamos los unos con los otros.

El tolteca entendía que en uno y otro caso, personal y colectivamente, lo que percibimos como la vida no es real. Nuestra percepción de la vida en el fondo no pasa de ser una compleja agrupación de relatos entrelazados, que nuestra concepción del tiempo se encarga de mantener unidos. En la tradición de mi familia, los chamanes, quienes recibían el nombre de *naguales* en nuestro idioma nativo eran «los que están despiertos», porque habían terminado por darse cuenta de que todos estamos soñando, de que todos somos narradores, y de que, si bien la verdad de quiénes y qué somos en último término es imposible de describir, la mejor forma de expresarlo es proclamar que somos la propia vida.

Encuentro interesante que en la otra punta del mundo, hace más de 2.500 años, un hombre estuvo sentado a la sombra del árbol de *bodhi* durante cuarenta días y cuarenta noches hasta que se dio cuenta de cuál era su verdadera naturaleza personal; cuando dejó la sombra del árbol y volvió con sus amigos, estos advirtieron que la experiencia lo había convertido en otro. «¿Qué te ha pasado?», le preguntaron. Y él respondió en pali, su lengua nativa: «Ahora estoy despierto». La palabra para «despierto» en el idioma pali es *Buda*. Tanto en el budismo como en el chamanismo, los maestros de la tradición respectiva son designados como «despiertos».

Y bien, ¿quién puede ser un chamán? Todo aquel que tiene el deseo de despertar del sueño y encontrar su propia libertad personal es un chamán. Por supuesto, es más fácil decirlo que hacerlo, porque el sueño tiene numerosos mecanismos que sirven para mantenernos dormidos; en el curso de este libro vamos a examinar muchos de ellos en detalle.

Para decirlo con claridad, el despertar implica más cosas que la simple comprensión intelectual de que todo cuanto te rodea es un sueño. Resulta fácil escuchar algo de labios de otros y aceptarlo mentalmente; mucho más difícil es llevarlo a la práctica. El propósito del camino chamánico es el de vivir la experiencia del despertar, que va más allá de la mente pensante o del conocimiento intelectual.

Por poner un ejemplo, cuando te digo que todo el tiempo estás soñando, es posible que confíes en mí y así lo creas, pero tu mundo no empezará a cambiar hasta que asimiles dicho conocimiento en profundidad y lo experimentes por ti mismo. En ausencia de todo esto, tan solo estaremos hablando de una simple creencia o convicción. Una vez que esta convicción se convierte en tu experiencia, entonces se vuelve parte de tu realidad personal.

Por consiguiente, el chamán al principio te dice que estás dormido, que estás soñando, y te ofrece un camino para que despiertes y comprendas quién eres en realidad. Lo que el chamán quiere es que llegues a conocerte a ti mismo yendo más allá del pequeño relato que has creado, del «pequeño tú». Puede conseguirlo porque él o ella ha llegado a conocerse a sí mismo o a sí misma como una expresión individual de esta divina fuerza vital y ha llegado a saber que esta divinidad, esta fuerza vital, se encuentra presente en todas las cosas. Motivo por el que el chamanismo está tan vinculado al mundo natural que nos rodea. El chamán es sabedor de que toda la vida está conectada, de que la vida es una. Y con esto no me refiero exclusivamente a los cuerpos que podemos ver, sino también al espacio existente entre todos ellos. Estamos conectados a través del aire que respiramos, por medio de la tierra bajo nuestros pies, del agua que compartimos y que constituye una parte importante de nuestro organismo y de todo lo demás que constituye este planeta y más allá. La conexión resulta por completo evidente para el chamán, pero la ilusión de la mente y su constante soñar impiden que muchas personas perciban esta verdad.

Un ejemplo sencillo: pensemos en un roble. Este árbol es la culminación de muchísimas cosas —tierra, sol, agua, aire, una bellota traída por el viento o transportada por un pájaro—, todas las cuales han trabajado en conjunción para manifestarse en esta hermosa creación artística que llamamos un árbol. Si elimináramos una sola de estas cosas, el árbol no existiría. Lo mismo vale para ti, para todos nosotros, para todo. Somos una creación de todo cuanto ha tenido lugar antes que nosotros. Sin embargo, la mente se aferra a la ilusión de la separación. Pero la separación no pasa de ser precisamente eso: una ilusión, y el chamán es aquel cuya mirada sobrepasa la ilusión y percibe la interconexión que se da entre todas las cosas y todos los seres.

Muchos estamos perdidos en el sueño durante largos años antes de que la semilla del conocimiento empiece a manifestarse en nuestro interior, y cuando finalmente lo hace, el proceso subsiguiente tiene más de desaprendizaje que de aprendizaje. En otras palabras, te han enseñado cosas innumerables, desde que eras pequeño. Te dijeron cómo te llamabas, quiénes eran tus padres, de dónde procedías, qué te gustaba y qué no, y tú te mostraste de acuerdo. En la tradición tolteca damos a este proceso el nombre de *domesticación*. Si bien algunas formas de domesticación pueden ser negativas, es importante recordar que la domesticación en sí no necesariamente resulta negativa. Se trata de un proceso normal y necesario; es la forma en que creamos el Sueño del Planeta.

Por ejemplo, cuando eras niño, tus padres seguramente te domesticaron para que fueras respetuoso y atento con los demás, para que compartieras y desarrollaras amistades. Al hacerlo, estaban brindándote las herramientas que necesitabas para interactuar con el Sueño del Planeta. Lo que quiero subrayar es que no toda la domesticación es mala, por mucho que la palabra con frecuencia tenga una connotación negativa. Otras formas de domesticación son claramente negativas: el racismo, el machismo y el clasismo son ejemplos claros; también se dan las formas más sutiles, como sucede cuando adoptamos ideas como «He de tener éxito en la vida para recibir el amor» o «He de tener un cuerpo perfecto para recibir el amor».

El proceso del despertar muchas veces recibe el nombre de desaprendizaje, porque comienzas a advertir cómo fuiste domesticado en el Sueño del Planeta y porque puedes escoger de forma consciente qué ideas y creencias quieres conservar y de cuáles prefieres librarte. Cuando empiezas a desenmarañar tus domesticaciones, reparas en que te inculcaron estas ideas sobre ti mismo y en que hiciste uso de tales ideas para construir el relato de la persona que eres. Como cualquier arquitecto podrá decirte, una estructura sustentada por unos cimientos endebles termina por venirse abajo, y eso es lo que sucede con cada relato.

Quizá hayas experimentado el hundimiento de tu propio relato, y es posible que esta sea la razón exacta que te ha llevado a abrir las páginas de este libro. La verdad es que cualquier relato de tu vida no pasa de ser eso precisamente, un relato, y su desplome es digno de ser celebrado, pues al venirse abajo descubres quién eres en realidad; adviertes que en realidad eres la propia vida.

Este proceso de desaprendizaje es nuestro viaje personal y resulta diferente en el caso de cada individuo. Aunque pueden darse parecidos, no existen dos personas que despierten del mismo modo exacto. Este es uno de los principios fundamentales del chamanismo: el camino de cada persona será diferente. Está claro que vamos a recibir la ayuda y orientación de otros, pero, dado que todos somos únicos, nuestro despertar también va a resultar único. Se trata de nuestra propia creación artística. Si bien algunos de nuestros rituales o acciones que efectuamos van a ser iguales o estar inspirados en los de otros, el chamán no copia a nadie, ni siquiera a otros chamanes.

Por poner un ejemplo, no muchos saben que el libro más famoso de mi padre, *Los cuatro acuerdos* (Ediciones Urano, Barcelona, 1998), en realidad es la historia de su propio despertar. Mi padre superó su negatividad interior y los problemas que él mismo se había creado en su sueño personal mediante la práctica de estos cuatro acuerdos en cada área de su vida. Entendió que estaba dilapidando su poder personal al no ser impecable con su palabra, al tomarse las cosas de forma personal, al efectuar suposiciones y al no hacerlo todo lo mejor posible. El resultado fue que llegó a estos cuatro acuerdos consigo mismo, con el objeto de vivir disfrutando de todo su poder personal. La puesta en práctica de estos cuatro acuerdos, de hecho, fue un proceso de desaprendizaje de toda la negatividad que había adoptado en su propio sueño personal.

Al despertar se propuso ser de ayuda para los demás, y este libro es una manifestación de su obra artística. En su caso, dicho arte fue reconocido como verdad en el mundo entero y contribuyó al despertar de muchas personas (en el momento de escribir estas líneas, se han vendido más de siete millones de ejemplares de *Los cuatro acuerdos* en todo el mundo). Lo que resulta espléndido, pero mi padre te diría que él nada tuvo que ver con todo esto. En otras palabras, si bien decidió compartir su obra con millones de personas en forma de libro, tiene claro que su labor no es más importante que la del chamán que despierta y ayuda a los miembros de su propia comunidad. Es lo mismo, y el hecho es que el uno no podría existir sin el otro. Lo mismo que el roble, mi padre no hubiera despertado sin la inspiración y la orientación proporcionadas por la miríada de chamanes que despertaron antes de que él lo hiciera. Como ilustra el ejemplo de mi padre, una vez que el chamán despierta y comprende quién es en realidad, ve que lo mejor que puede hacer para ayudarse a sí mismo y ayudar al mundo entero es servir a la gran madre del planeta, esto es, a la propia vida. Repara en la divinidad de todos los seres y quiere ayudar a que otros despierten a esta verdad. No lo hace con intención de obtener beneficio personal (como la aspiración de ganarse el cielo o hacer méritos para una reencarnación), sino porque ha alcanzado un estado de paz, claridad y conocimiento que hasta entonces no conocía. Su interior cobija el amor, y cuando estás lleno de amor, el amor empieza a desbordarse. Este excedente de amor es lo que el chamán comparte con otros, porque en último término es todo cuanto tiene. Motivo por el que el chamán quiere ayudar a otros a despertar al hecho de que viven sumidos en el sueño.

Si efectuamos otra comparación con el budismo, todo esto es muy parecido al concepto de *bodhisattva* en la rama mahayana del budismo, por la que el *bodhisattva* es aquel que despierta pero permanece en el mundo y dedica su vida a ayudar a los demás. Este impulso desinteresado, este afán de ser de ayuda, está presente en todos los grandes maestros de las religiones del mundo, incluyendo a Jesús, al poeta islámico Rumí y a muchos de los avatares del hinduismo. En cada gran tradición hay una figura que ha despertado y comienza a difundir el mensaje de la necesidad de despertar, con el fin de ayudar a otros.

La importancia de los relatos

La narración de relatos es uno de los medios empleados por los chamanes para plantar las semillas del despertar. Cuando se dieron cuenta de que la mente siempre está soñando y creando relatos, los chamanes comenzaron a relatar historias como medio para perforar la coraza de la mente. En este sentido, los chamanes fueron y son unos auténticos maestros, pues recurren al gusto que nuestra mente siente por los relatos con el propósito de despertarla de su sueño.

En este libro voy a compartir algunas de las parábolas, las leyendas y las historias reales referidas por los chamanes en mi tradición familiar, y juntos vamos a discernir su significado más profundo. Verás cómo los chamanes compartían estos relatos para sembrar las semillas del despertar entre sus oyentes. También voy a hacer uso de estos relatos para presentarte las herramientas chamánicas de la comprensión, el perdón, la recapitulación, los objetos de poder, los animales totémicos y otros instrumentos diseñados para ayudarte en tu propio viaje. Al final de cada capítulo he incluido unos ejercicios y meditaciones que pueden ayudarte a llevar estas enseñanzas a la práctica en tu vida cotidiana. Como antes he dicho, no basta con limitarse a leer sobre estas enseñanzas, sino que has de incorporarlas a tu existencia mediante la acción para disfrutar de los beneficios. Los ejercicios y la meditación te ayudarán a lograrlo.

Por mucho que comiences a despertar, quiero dejar claro que el despertar del sueño no significa que vayas a dejar de soñar. La acción de soñar es aquello que la mente hace, sencillamente, del mismo modo que el corazón late y los pulmones absorben oxígeno. El despertar significa que *te das cuenta* de que estás soñando. Cuando comprendes el hecho de que estás soñando, entonces puedes concentrar tus energías en la creación de un sueño hermoso, y no de una pesadilla.

Bajo el prisma de las enseñanzas toltecas, una pesadilla tiene lugar cuando vives la vida sin tener conciencia de quién y qué eres en realidad, y el resultado es un sufrimiento innecesario. Cuando andas sonámbulo por la vida, caes en las trampas de la negatividad y la toxicidad emocional, y no llegas a darte cuenta de que, en muchos casos, tú mismo eres el causante de tu sufrimiento. Los chamanes de mi tradición familiar entendían que este patrón era una enfermedad humana colectiva que puede ser descrita como «adicción al sufrimiento»; esta adicción al sufrimiento es un hábito nocivo de la mente.

Algunos de los que estáis leyéndome quizá rechacéis de forma instintiva esta idea de que nuestra especie es adicta al sufrimiento, pero deteneos a pensar un momento en todas las formas en que los seres humanos causamos problemas a los demás y nos los causamos a nosotros mismos. Basta con conectar la televisión y mirar un canal informativo durante unos minutos para ver las múltiples maneras en que provocamos nuestro propio sufrimiento. A continuación cambiad de canal y mirad un culebrón o una serie. ¿Alguna vez os habéis preguntado por qué miramos programas cuya única finalidad es la de crear angustia y dolor emocional en nuestro interior? Pensad en vuestras propias vidas un momento. Cuando las cosas van bien durante demasiado tiempo, ¿es posible que busquéis un «problema» para revolucionar un poco la situación?

Shantideva, el poeta y místico indio del siglo octavo, percibió esta adicción al sufrimiento en las siguientes líneas:

Aunque los seres sensibles desean liberarse del sufrimiento, no dejan de crear sus causas, y aunque desean la felicidad, debido a su ignorancia la destruyen como si fuera su enemigo.

No puedo estar más de acuerdo con él. Lo que lleva a plantear la pregunta inevitable: ¿cómo es que buscamos el sufrimiento? En primer lugar, porque somos inconscientes, porque no nos damos cuenta de lo que hacemos, y este es el propósito preciso del despertar. En segundo lugar, lo hacemos por cuestión de costumbre. La creación de sufrimiento, en lo fundamental, es un hábito de la mente. Incluso cuando empezamos a despertar, seguimos cayendo en las trampas vinculadas a la vieja costumbre del sufrimiento, y este es el motivo por el que los chamanes se refieren a ella como a una adicción. Como sucede con todas las adicciones, el primer paso para ponerle fin es darse cuenta de su existencia y reconocerla como tal.

A medida que vayamos adentrándonos en los relatos de mi tradición familiar en las páginas que siguen, te invito a ver cómo las lecciones que de ellos se deducen pueden ser de aplicación en tu propia existencia. A la vez, ten presente cuanto he dicho sobre la adicción de la mente humana al sufrimiento, porque, como verás, se trata de un tema recurrente en todas estas historias.

Por último, si bien voy a ofrecer mi propia interpretación de tales historias, por favor, no olvides que es posible que encuentres otros significados o verdades que son más relevantes para tu propia persona y vida. Es lo mejor del chamanismo: te anima a descubrir tu propia verdad, a seguir tu propio corazón y a entender que las respuestas que andas buscando, de hecho, ya se encuentran en tu interior. Deja que estas historias —y este libro— te guíen a la hora de descubrirlas.

1

EL ÁGUILA Y LA SERPIENTE

El descubrimiento de tu propia verdad

Muchos de vosotros reconoceréis este relato de la tradición azteca sobre la fundación de México-Tenochtitlan, capital del imperio azteca, hace siglos. El escudo de la bandera nacional mexicana muestra la hermosa imagen de un águila posada en un nopal devorando una serpiente; como veréis, se trata de un símbolo muy importante en este relato.

Hace largo tiempo un poderoso chamán vivía en medio del desierto, en lo que hoy es México; este chamán era un gran jefe y se desvivía por ayudar a los de su tribu. Cuando se dio cuenta de que su encarnación física estaba muriéndose, tomó la decisión de dejar una última lección muy importante en provecho de la siguiente generación.

«Mi tiempo en este cuerpo está llegando a su final —dijo a la tribu una noche que estaban reunidos en torno al fuego—. Por la mañana van a decir adiós a esta aldea. En el momento de partir, cojan tan solo lo que vayan a necesitar. Dejen todo cuanto no necesiten, todo cuanto ya no les sea útil en la vida. Mañana va a ser un día de gran transformación.»

A continuación, para subrayar la importancia del momento, el anciano chamán arrojó ciertos polvos mágicos al fuego y las llamas se convirtieron en un resplandor azul brillante, del tipo purificador, que chisporroteó como las estrellas en el cielo de la noche. Y añadió:

«Mañana van a emprender un viaje destinado a crear un nuevo sueño, y vagarán por los yermos hasta que vean un águila que devora a una serpiente en una nopalera. Esa será la señal de que han encontrado su nuevo hogar».

Dicho esto, el chamán disolvió la reunión. Por la mañana fueron a verlo y descubrieron que había abandonado su cuerpo. Recogieron las cosas más esenciales y emprendieron el viaje destinado a encontrar su nuevo hogar.

El viaje no fue fácil. Caminaron durante años y años hasta que un día, finalmente, vieron un lago. En el centro del lago había una pequeña isla, cuya superficie estaba poblada de nopales. Miraron al cielo y vieron que un águila se lanzaba en picado sobre la isla y atrapaba una serpiente que reptaba por el suelo. Con la serpiente en las garras se posó en un nopal. Atónitos, los viajeros vieron que el águila empezaba a devorar a la serpiente. Se sintieron eufóricos, porque se trataba de la señal que andaban buscando. De inmediato procedieron a construir su nuevo hogar. Así nació la gran ciudad de los aztecas, Tenochtitlan, donde hoy se alza Ciudad de México.

Esa noche, los miembros de la tribu hicieron una gran hoguera y se sentaron en derredor, tal y como hicieran la última noche del sueño anterior. La tribu dio las gracias a su abuelo el chamán por haber encontrado el nuevo hogar; mientras le agradecían su guía, una cegadora luz azul de pronto resplandeció en el fuego, y todos reconocieron que se trataba del espíritu del abuelo.

«¡Hijos míos! —dijo su voz entre las llamas—. Veo que han completado el viaje menor, y ha llegado el momento de que emprendan el viaje mayor.»

Los de la tribu se miraron confusos, pues les había llevado largo tiempo viajar hasta descubrir el lugar de su nuevo hogar. ¿Qué viaje podía ser mayor que el recién terminado?

La voz prosiguió:

«El águila es el símbolo de la verdad, la serpiente es el símbolo de la mentira, y la nopalera representa el jardín de la mente humana. Cuando el águila de la verdad devore a la serpiente de la mentira, entonces habrán encontrado un hogar en su interior. Habrán encontrado su propia libertad personal».

Una cosa que la televisión, las redes sociales y otros medios de comunicación nos enseñan es que en el mundo hay muchas personas famosas y que han alcanzado el éxito. Por desgracia, estas fuentes también nos hacen saber que gran parte de estas personas con tanto éxito, de hecho, son muy infelices.

Por supuesto, no hace falta ser rico y famoso para sentirse infeliz. Todos conocemos a individuos que aparentemente lo han conseguido todo pero son enormemente infelices en sus vidas personales. Quizá se trata de vecinos o familiares nuestros, y hasta es posible que nosotros mismos, en su momento, fuéramos como ellos. Es frecuente que disfruten de muchas posesiones o títulos honoríficos y que a la vez se sientan perdidos y confusos. Podemos decir que sus logros aparentes son el resultado de su viaje menor, pero que aún no han emprendido el viaje mayor destinado a encontrar su propia libertad personal.

Lo que, ineludiblemente, lleva a formular la pregunta: ¿qué quiero decir con la expresión *libertad personal*?

Para mí, la libertad personal tiene lugar cuando nuestros corazones y nuestras mentes están gobernados por el amor en lugar de por el miedo. La libertad personal tiene lugar cuando nos sentimos cómodos en nuestro propio pellejo y nos queremos y aceptamos de forma absoluta, incluso en aquellos aspectos que no nos gustan demasiado. La libertad personal tiene lugar cuando renunciamos a tratar de ser esto o lo otro, cuando nos sentimos satisfechos de ser como somos.

La libertad personal aparece como resultado del examen de las domesticaciones de nuestra mente y de desprendernos de las ideas o creencias nocivas que encontramos en ella. Ocurre cada vez que nos liberamos de nuestra adicción al sufrimiento.

Llegados a este punto de comprensión, aceptación y amor a lo que somos, podemos vernos cuando miramos a otro a los ojos, y esta es una de las razones por la que ayudamos a los demás. Sabemos que ellos son nosotros y que nosotros somos ellos, que todos estamos interconectados y que, por consiguiente, ayudarlos viene a ser lo mismo que ayudarnos a nosotros mismos.

Para mí, la libertad personal es todo esto, y dicha libertad personal se encuentra en el centro del camino chamánico.

Hagas lo que hagas en el mundo —ya estemos hablando de tu trabajo, de tus aficiones o de todo cuanto consigues en la vida—, todo ello es maravilloso, pero no representa más que un aspecto del viaje menor. El viaje más importante que vas a hacer en la vida es el viaje en tu interior, lo que está en el centro del camino chamánico. Se trata del viaje destinado a encontrar tu propia verdad.

El chamán de la historia que acabamos de narrar entendía que cada generación está obligada a encontrar su propia verdad, a crear su propio sueño, y que no puede confiar en el legado de anteriores generaciones para crear el sueño requerido. Por eso los hizo vagar por el desierto hasta encontrar un nuevo hogar y liberarse del viejo sueño, para que pudieran crear uno nuevo.

En ocasiones, la vida hace las veces del chamán del relato y establece situaciones que destruyen nuestro viejo sueño por entero. La muerte, el divorcio, la pérdida de un trabajo…, este tipo de acontecimientos puede llevarnos a vagar por una especie de desierto, pertrechados con muy escasas pertenencias, hasta encontrar un nuevo sueño. Pero nuestro hogar, nuestra verdad, siempre se encuentra en nuestro interior, y lo llevamos con nosotros allí donde vayamos. En cada uno de los sueños que creamos, si nos mantenemos fieles a nosotros mismos y a lo que nuestro corazón de veras desea, volveremos a encontrar la paz.

A mi modo de ver, cada uno alberga su propia verdad en su interior. Dado que somos únicos, esta verdad personal nunca va a ser la misma para dos individuos. Por eso, precisamente, es personal. El chamanismo no está fundamentado en la jerarquía, la deferencia a los maestros del ayer o el seguimiento de un texto sagrado de forma acrítica y ciega, sino más bien en el hallazgo de la sabiduría que anida en tu interior. Cuando encuentras tu propia verdad y sabiduría interior, encuentras tu propia libertad personal.

El conocimiento silencioso

En la tradición tolteca contamos con un concepto llamado *conocimiento silencioso*, y el cultivo de tu conexión con dicho conocimiento puede ayudarte a descubrir la verdad en tu interior.

El conocimiento silencioso es un entendimiento que va más allá de la mente pensante. Es difícil escribir o hablar sobre él, porque el lenguaje es la principal herramienta de la mente, pero voy a tratar de explicarlo del mejor modo posible.

El conocimiento silencioso es la sabiduría profunda, innata, que se halla presente en todas las cosas. Procede de la interconexión existente entre todos los seres y criaturas. Es la sabiduría del universo. Por ejemplo, si siempre has tenido clara la respuesta a una pregunta en ausencia de un proceso lógico en el cerebro, como sucede cuando una madre siente que su hija está en peligro o cuando notas que un familiar está efectuando el tránsito hacia la muerte. Todo esto es el conocimiento silencioso. Se trata de la sabiduría universal que siempre hemos tenido al alcance de la mano, pero a la que muchas veces renunciamos, bien porque no somos conscientes de ella, bien porque hemos olvidado cómo acceder a dicho entendimiento.

La capacidad de ver lo que hay que hacer exactamente en cada situación que se presenta, haciendo caso omiso del *mitote* (las voces ruidosas que hacen lo posible por absorber tu atención) en tu mente, esto es el conocimiento silencioso, y a medida que comiences a liberarte de la maraña de tus domesticaciones y a vivir de una manera que te resulte auténtica, encontrarás que tienes acceso a él. Conforme vayas siendo consciente del conocimiento silencioso, tu atención empezará a centrarse en él con frecuencia cada vez mayor, en particular a la hora de efectuar una elección o decisión de importancia.

Las percepciones brindadas por el conocimiento silencioso pueden adoptar la forma de un pensamiento brillante o, incluso, de una sensación de energía en tu cuerpo. En uno u otro caso, cuando el conocimiento silencioso te haga llegar un mensaje, notarás de forma inequívoca que dicha percepción es ajena a tu mente pensante.

No solo eso, sino que el conocimiento silencioso nunca canaliza las energías del odio, el resentimiento o la venganza. Si te llega un mensaje —del tipo que sea— procedente de una energía de esta clase, sabrás que nada tiene que ver con el conocimiento silencioso, sino que tiene origen en la adicción de la mente al sufrimiento.

Otro medio de acceder al conocimiento silencioso consiste en prestar atención a tus emociones. Llegado el momento de tomar una decisión, nuestras emociones a veces pueden ser mejores indicadores que nuestras mentes pensantes.

Por poner un ejemplo, supongamos que estás tratando de tomar una decisión concerniente a una situación precisa y que una elección puede parecer correcta desde el punto de vista lógico, pero tienes la insistente sensación de que hay algo que no termina de ir bien. Supongamos que te han ofrecido un nuevo empleo mejor pagado, pero cuando visitas a tu nuevo jefe en potencia notas una vibración negativa en tu interior que no puedes explicar con claridad.

En lugar de hacer caso omiso de las sensaciones de esta clase, vale la pena reconocerlas como pistas que el ámbito del conocimiento interior nos está brindando. Lo que tampoco implica de forma automática que la respuesta tenga que ser «no» y que rechaces la oferta de trabajo; en todo caso, sería conveniente que investigaras un poco más antes de tomar la decisión definitiva.

He viajado a India en numerosas ocasiones, y soy un apasionado de las enseñanzas tanto del hinduismo como del budismo. En India encontramos a uno de los grandes maestros del silencio del siglo veinte, el *sadhu* Ramana Maharshi. La palabra *sadhu* proviene del sánscrito y designa a un monje o santón, pero, para mí, el *sadhu,* sencillamente, es el equivalente indio del chamán.

Ramana Marharshi probablemente fue el maestro indio más famoso durante la primera mitad del siglo veinte. Tras experimentar un despertar espontáneo en la adolescencia, se sumió en un período de silencio que se prolongó durante años seguidos. Aunque con el tiempo volvió a hablar y a enseñar, siempre mantuvo que no había mejor maestro que el silencio. Las gentes venían de todas partes para sentarse a su lado en el *ashram*, pertrechados con listados de preguntas en muchas ocasiones, pero una vez sentados ante su muda presencia, las preguntas se borraban de sus mentes o se volvían irrelevantes. Su historia me lleva a pensar en las palabras del poeta musulmán del siglo trece Jalaluddin Mevlana Rumí: «El silencio es el idioma de Dios; todo lo demás es una mala traducción».

Visto bajo este prisma, el conocimiento silencioso es una de las herramientas más útiles que el chamán tiene a su disposición. Esto es lo que se encuentra en el centro de la sabiduría del chamán, y una vez que estás en armonía contigo mismo, tienes mucho mejor acceso a este ámbito del entendimiento que va más allá de la mente pensante.

El conocimiento silencioso está a tu disposición en este preciso momento, y un paso útil para descubrirlo consiste en practicar el silencio y la meditación, pues ambos crean un entorno facilitador para que la sabiduría universal emerja en nuestro interior. Al final de este capítulo he incluido un ejercicio para ayudarte a iniciar esta práctica.

Adivinación

Otra herramienta muy extendida en los círculos chamánicos es la *adivinación*, o capacidad para acceder a lo que creemos que es el futuro. Dado que la adivinación procede de un ámbito que también se encuentra más allá de la mente pensante, quiero extenderme un poco sobre ella.

Desde una perspectiva chamánica, no hay ni pasado ni futuro; tan solo existe el ahora. Todo acontecimiento tiene lugar en el universo del ahora, pero el Sueño del Tiempo —o la idea del tiempo, una construcción creada por nosotros, los seres humanos— es lo que facilita que nuestras mentes encuentren el sentido a todo, que lo puedan ordenar. Sin el Sueño del Tiempo, tu mente no podría comprender todas las cosas que ahora tienen lugar. La adivinación es un instrumento que puede permitirnos atisbar imágenes de otras cosas que también suceden en este momento pero que la mente entiende como situadas en el «futuro».

Hay muchas herramientas para conseguirlo: cartas, péndulos, runas, y todas pueden ser de ayuda en determinadas situaciones. Si tienes que tomar una decisión de importancia en la vida y no logras escoger qué camino seguir, el recurso a una herramienta de adivinación puede proporcionarte cierta claridad. A la vez, has de tener mucho cuidado de no utilizar estas herramientas en exceso. Cuanto más recurrimos a las herramientas de adivinación, menos precisas se vuelven, en parte porque la mente comienza a apropiarse de ellas y a ver patrones o sugerencias allí donde no existen.

Mi recomendación es la de restringir el uso de las herramientas de adivinación a aquellas situaciones en las que te sientas perdido por completo, incluso cuando estés buscando la verdad enquistada en tu interior. No olvides que uno de los principios fundamentales del chamanismo establece que la sabiduría que andas buscando, de hecho, ya se halla en tu interior, de modo que una herramienta de adivinación tan solo ayuda a encontrar las respuestas que en realidad ya tienes pero que quizá no te resultan fáciles de descubrir.

Cuando reconectas con tu conocimiento interior, estás siguiendo el camino del chamán, y aquí no estoy refiriéndome a los chamanes anteriores a tu persona, sino al chamán que tú mismo eres, al mensajero del amor que eres en lo más profundo de tu ser. Con el objeto de descubrir la verdad y la sabiduría en nuestro interior, estamos obligados a considerar que todas las fuentes exteriores, ya estemos hablando de herramientas de adivinación, de antiguas tradiciones o incluso de otros chamanes, no pasan de ser unas guías de ayuda a la hora de encontrar la verdad que se halla en nuestro seno.

Somos los artistas de nuestras propias vidas y podemos usar estas herramientas para empezar a crear nuestra propia obra, pero a nosotros nos corresponde aplicar nuestro talento y estilo a la obra de arte que es nuestra existencia viviéndola del modo que nos resulte auténtica como individuos, en vez de fiarlo todo a lo que otros nos han indicado. El propósito de todas estas herramientas es el de ayudarte en el viaje mayor, el que te conduce a la sabiduría que anida en tu propio, hermoso corazón.

Ejercicios

¿Cuál es tu definición de libertad personal?

Me gustaría que escribieras tu propia definición de lo que es la libertad personal. ¿Qué cosas te hacen libre? Es posible que algunas de las incluidas en mi definición asimismo formen parte de la tuya, pero tu definición seguirá siendo distinta por el hecho de que es *la tuya*, y no la mía. ¿De qué cosas quieres librarte, o qué es lo que prefieres olvidar? ¿A qué tipo de sabiduría interior quieres acceder? Conserva esta definición, para que puedas volver a consultarla cada vez que te sientas perdido... ¡o cuando creas que tu definición posiblemente haya cambiado!

¿A qué viejos sueños sigues aferrándote?

A menudo nuestros viejos sueños sigan impidiéndonos vivir en el presente y disfrutar de un sueño nuevo que podría sernos más útil. ¿Todavía tienes ciertas cosas metidas en la cabeza? Es posible que en ocasiones te digas: «Si no me hubiera divorciado...», «Si no hubiera dejado los estudios...», «Si hubiera aceptado aquel empleo...». En tal caso, no has conseguido libertarte de un viejo sueño de lo que podrías haber sido y que nada tiene que decir a *quien eres en realidad*.

Tómate algo de tiempo para pensar en tus viejos sueños y en qué aspectos de ellos siguen obsesionándote. Describe uno de estos antiguos sueños en el papel. Es posible que tengas más de un viejo sueño. Si es el caso, descríbelos por separado. Pero también sugiero trabajar con un único sueño a la vez, para asegurarte de que estás notando todo el efecto del ejercicio antes de pasar al siguiente.

A continuación, dobla o haz una bola con el papel en el que has descrito tu antiguo sueño y quémalo en un lugar seguro. Mientras arde, dile adiós al viejo sueño con dulzura y cordialidad, dándole las gracias por las formas en que te fue de ayuda, y date el gusto de liberarte del viejo sueño con el humo del pequeño fuego.

Meditación del conocimiento silencioso

La meditación es una importante herramienta en muchas prácticas espirituales. Entre los toltecas, la meditación tiene diversos usos, y una de sus ventajas consiste en que permite ver más allá del *mitote* de la mente. El recurso a la meditación crea un entorno en nuestro interior que facilita una mejor conexión con el *conocimiento silencioso*.

En este tipo de meditación, nuestro objetivo es el de abrirnos al conocimiento silencioso. Para empezar a meditar, encuentra un espacio cómodo y tranquilo en el que nadie vaya a interrumpirte durante bastantes minutos. Puedes decantarte por el porche trasero de tu casa, dejando a las mascotas en el interior, o por la bañera, pues la puerta del baño es la única barrera efectiva que detiene a los niños, o por un sillón en tu despacho. La meditación admite toda clase de lugares y posturas, así que experimenta hasta encontrar qué te resulta mejor.

Nuestro simple objetivo es el de abrir tu mente y permitir que la sabiduría universal acceda a tu conciencia. A medida que te vayas familiarizando con la meditación, tómate la libertad de formular preguntas o meditar sobre determinadas cuestiones para las que necesitas respuestas. Al abordar tales cuestiones a través de la meditación, estarás llevándolas a la fuente de toda la sabiduría, y es muy posible que obtengas las respuestas oportunas en forma de conocimiento silencioso.

Una vez que hayas encontrado un lugar tranquilo y una postura cómoda, cierra los ojos y, sin apresurarte, asegúrate de que te encuentras a gusto. En este ejercicio preciso de meditación quiero que te limites a escuchar. Escucha todos aquellos sonidos que llegan del exterior sin dar demasiada importancia a ninguno de ellos. ¿Qué escuchas? ¿El rumor del viento entre los árboles? ¿El ligero zumbido de la nevera en la cocina? Absórbelo todo, todo es bienvenido. Y ahora quiero que escuches el silencio que se encuentra detrás de los sonidos que te llegan. El silencio está ahí; se trata del espacio que hace posible la escucha de todos los sonidos. Una vez que lo encuentres, mantén este silencio en tu mente.

Ahora quiero que concentres la atención en tu interior, que escuches el silencio que se encuentra dentro de ti. Al igual que el silencio en el exterior, el silencio en tu seno se encuentra por debajo de todas las demás sensaciones que encuentras. La mente empezará a vagar y a pensar —pues tal es su naturaleza—, pero cuando lo haga trata de liberarte de esos pensamientos, de forma tranquila, sin forzar las cosas, y encuentra el silencio otra vez… y otra vez, y otra vez más.

Cuando te pones a meditar por primera vez, es posible que no puedas mantener este silencio durante mucho tiempo; tampoco pasa nada. La clave estriba en no juzgar nada, en limitarte a escuchar. Cuando la mente vaga, basta con hacer que vuelva a escuchar el mundo exterior, y después el silencio exterior y, a continuación, el silencio en tu interior. Si nunca antes has practicado la meditación, empieza por hacer todo esto cinco minutos al día. Si le encuentras el gusto a esta práctica, intenta prolongarla un poquito más cada vez, día a día, hasta llegar a los treinta minutos o más. Tu mente seguirá vagando, pero cuanto más practiques, más fácil te resultará hacer que vuelva a concentrarse en el silencio.

Si quieres formularte una pregunta en el curso de la meditación, formúlala una vez al empezar y ponte a meditar escuchando el mundo exterior y, a continuación, el silencio que se halla tras todos los sonidos, tanto en el exterior como en el interior. Es importante que hagas la pregunta y al momento te desentiendas de ella. En los momentos de quietud propios de la meditación, es muy posible que la sabiduría silenciosa te brinde una respuesta a tu pregunta: también es posible que, por medio de la meditación, descubras que la pregunta carece de importancia y no merece la pena tratar de responderla.

2

EL HOMBRE DEL RÍO

Fluir con los Ciclos de la Vida

Sigamos haciendo juntos el viaje chamánico y examinemos la historia del Hombre del Río, que en mi familia nos hemos ido transmitiendo a lo largo de las generaciones.

Tiempo ha, al principio del segundo imperio maya, había un hombre joven que, como suele suceder, se enamoró perdidamente de una hermosa muchacha.

Por desgracia, en esta época de la civilización maya muchas personas vivían con la superstición metida en el corazón, eran fanáticas en lo tocante a sus ideas religiosas y, por consiguiente, tenían la aberrante convicción de que era necesario sacrificar a otros seres humanos para apaciguar a los dioses.

Al joven no le atraía aquella religión ni aquellas supersticiones, por lo que se mantenía apartado de los fanáticos religiosos y pasaba todo su tiempo libre en compañía de su amada. El amor que sentían era un amor de verdad.

Un día que el joven volvió a casa se enteró de que su amada había sido escogida para el sacrificio a los dioses; los sacerdotes se habían presentado de sopetón y se la habían llevado. De inmediato, fue corriendo al templo donde tenían lugar los sacrificios. Pero era demasiado tarde. Su amada yacía muerta en el altar; le habían arrancado el corazón.

Abrumado por el dolor, se desplomó y lloró contra el suelo. La rabia creció en su interior. Estaba indignado con el mundo, furioso con Dios, y detestaba a sus vecinos. Se daba cuenta de que vivían sumidos en la superstición y estaban matándose los unos a los otros por causa de sus fanáticas creencias.

Abandonó la aldea y se fue a vivir solo en la selva. Su rabia y su dolor eran tan profundos que raras veces comía o dormía, y poco a poco empezó a morirse.

Finalmente decidió que había llegado el momento de acabar con su vida. Fue al río y se arrojó a sus rápidas aguas, sumergiéndose hasta el fondo con la esperanza de ahogarse. Al hundirse, tuvo una visión y contempló a su amada. Henchido de júbilo al verla, gritó:

«¡Te he encontrado, amada mía! Siento muchísimo lo que esos fanáticos te hicieron y que no estuviera a tu lado para protegerte. Voy a quedarme aquí a tu lado para siempre. Nunca más volveré a dejarte sola».

Y el espíritu de su amada entonces le dijo con voz suave:

«No puedes quedarte a mi lado, y nunca volverás a verme si sigues por este camino. Estás lleno de odio, pero yo estoy llena de amor. Para llegar al lugar en que me encuentro, tienes que dejar de vivir sumido en el sufrimiento del pasado. Mientra sigas siendo presa del resentimiento, estarás malbaratando tu poder personal, de tal modo que no podrás acceder al lugar en el que me encuentro».

La advertencia de su amada le dejó asombrado; más tarde despertó y se encontró en la orilla del río, pugnando por recu-

perar el aliento. Comprendió la verdad de lo que ella le había dicho y reparó en que su antigua alegría de vivir se había desvanecido. Ahora tan solo sentía miedo y odio. Este momento de comprensión supuso el inicio de su transformación. «La libertad se encuentra en mi interior», se dijo.

Alzó la mirada a la luna y supo que su amada estaba allí, mirándolo, guiándolo. Su corazón de nuevo empezó a abrirse, y el joven comenzó a perdonar el fanatismo de los suyos. Contempló el hermoso río a sus pies y lo interpretó como un símbolo del amor que fluye en libertad.

Pronto comenzó a ser conocido como el Hombre del Río, el sabio que vivía en la selva.

En esa misma época, a miles de millas de distancia al otro lado del océano, en España vivía un hombre famoso por su gran integridad personal. Soldado profesional, era conocido como el Buen Conquistador, porque había dedicado su vida a servir a su país y a la reina de España. Se trataba de un súbdito leal que siempre obraba con integridad y jamás abusaba de su poder, y esta era la razón por la que la gente —la reina incluida— le tenía en tan alta estima. Un día, la reina le hizo el honor de pedirle que fuera al Nuevo Mundo.

Nada más llegar al Nuevo Mundo, se dio cuenta de que los demás conquistadores habían enloquecido de codicia y estaban violentando, atormentando y matando a las mayas en su búsqueda de oro. Entre los muertos se contaban numerosos familiares y amigos del Hombre del Río.

El Buen Conquistador se sentía horrorizado por las acciones de sus compatriotas. Hombre pío, trató de hablar con los demás conquistadores, de hacerles entrar en razón, de convencerles de la necesidad de comportarse con honorabilidad, pero los otros se negaban a escucharlo. Finalmente, dijo:

«Esta no es la voluntad de Dios, sino un abuso en nombre de Dios, la corrupción del nombre de Dios, y no pienso tomar parte en todos estos asuntos».

Dejó la espada, se despojó de la coraza y escapó a la selva. Los mayas no tardaron en capturarlo. Comenzaron a torturarlo, como castigo por los pecados cometidos por los demás soldados, y lo mantuvieron en cautividad.

El Hombre del Río solía acercarse a la aldea a ayudar a su gente, y un día se tropezó con el español. Aunque no hablaban la misma lengua, el Hombre del Río sintió las vibraciones de este hombre magnífico y supo que su corazón era puro. Hizo que pusieran en libertad al Buen Conquistador y se fue con él a su hogar en la selva, donde le dio de comer. Con el tiempo aprendieron sus idiomas respectivos.

El Buen Conquistador se sentía atónito por la cordialidad y la paz interior del Hombre del Río. Cuando ya llevaban el suficiente tiempo juntos para entenderse, le preguntó:

«¿Cómo llegaste a aprender todo este conocimiento? Puedo sentir la presencia de Dios en tu persona».

«Dios está en todas las personas —respondió el Hombre del Río—, pero a veces es necesario fijarse bien para verlo.»

Pasó a explicarle lo sucedido con su amada, el sacrificio del que fue víctima y lo que a él mismo le pasó en el río. El conquistador, entonces, dijo:

«Enséñame a ser como tú».

«Todo empieza con la comprensión —explicó el Hombre del Río—. Si te fijas en nuestros pueblos respectivos, en realidad son lo mismo. Ambos aspiran a ser felices, pero en su lugar crean el sufrimiento. Nosotros hemos aprendido a vivir en paz, tú y yo. Nos hemos comunicado hablando con el corazón. Cuando actuamos siguiendo los dictados del corazón, ponemos fin al sufrimiento en nuestras vidas.»

Este hermoso relato ofrece numerosas lecciones inherentes al camino chamánico: la importancia del perdón, los peligros del fanatismo, el reconocimiento de la adicción al sufrimiento y el poder del amor incondicional. Una enseñanza de esta historia, que muchas veces pasa desapercibida, hace referencia a la naturaleza cíclica de la vida y el tiempo.

Muchos hemos crecido en una cultura que considera que el progreso humano es de carácter lineal, que cada generación es «mejor» que la previa, que hemos «evolucionado» y que, en consecuencia, somos más inteligentes. Pero los antiguos chamanes veían el mundo desde otra perspectiva.

En la Introducción he señalado que los chamanes eran maestros de los sueños. Lo que también significa que entendían la ilusión del tiempo y sabían que el tiempo es cíclico en lugar de lineal.

La naturaleza es pródiga en ciclos. El día se convierte en la noche, y la noche en el día. Existe el ciclo de las estaciones, y la Tierra efectúa un ciclo en torno al Sol, a la vez que la Luna traza su propio ciclo alrededor de la Tierra. Las olas se alzan en el mar, rompen contra la orilla y vuelven al mar otra vez.

Los chamanes eran conscientes de estos grandes ciclos y, a la vez, percibían que el tiempo se traslada del mismo modo. Por ejemplo, los toltecas consideran que estamos viviendo en la era del quinto mundo. Lo que supondría que el mundo ha sido construido y destruido en cuatro ocasiones anteriores, y cada una de estas veces hemos pasado por un ciclo de destrucción y recreación. Todo lo que hay en el mundo —desde los árboles hasta los mares o las personas— ha sido destruido y recreado cuatro veces. Y resulta increíblemente interesante que en el otro extremo del mundo, en India, la tradición védica también enseñe que hoy también nos encontramos en la era del quinto mundo. ¡Qué rara «coincidencia»! ¿Cómo se explica que dos culturas distintas situadas en hemisferios diferentes llegaran a la misma conclusión?

Puedes tomarte todo esto como una verdad al pie de la letra o no; en todo caso, lo más importante es comprender la realidad más profunda sugerida por esta cosmovisión: la vida entera —no solo las estaciones y las mareas— se mueve por ciclos.

Cuando consideramos que la existencia es cíclica antes que lineal, vemos la futilidad de tratar de controlar las mareas de la vida. Cuando nos damos cuenta de que todas las cosas están destinadas a venirse abajo, alterarse y cambiar, ya no nos aferramos tanto a ellas. El intento de controlar las cosas y mantenerlas como están tan solo provoca sufrimiento.

El chamán tiene claro que las cosas vienen, y dejas que vengan, y que las cosas van, y dejas que se vayan. Lo que no quiere decir que el chamán se abstenga de trabajar para cambiar las cosas, cuando ello es posible; sencillamente, no hay que luchar o malgastar energías de forma innecesaria allí donde no podemos cambiar las cosas. En su lugar, el chamán se deja llevar por el flujo y el ciclo de la vida.

Tanto el Buen Conquistador como el Hombre del Río experimentaron la naturaleza cíclica del tiempo y la realidad, o lo que solemos llamar los triunfos y las tragedias en la vida. El Hombre del Río al principio se enamora, pero más tarde pierde a su amada por obra de la violencia. El Buen Conquistador también experimenta el triunfo y la tragedia en el ciclo de la vida, pues abandona su acomodada posición en España y acaba como prisionero de los mayas.

En uno y otro caso, la aceptación final del hundimiento de los viejos sueños, el aprender a manejarse con dicho colapso, están en el origen de una nueva existencia fundamentada en la sabiduría. Sus experiencias respectivas los han cambiado para mejor, pero los beneficios tan solo llegan cuando se rinden a la vida en lugar de seguir esforzándose en combatirla.

Por supuesto, es más fácil decirlo que hacerlo, y por eso la historia del Hombre del Río resulta tan significativa. Casi todos hemos experimentado la pérdida en la vida (por mucho que pocos la hayamos experimentado de forma tan traumática). Es lo que nos lleva a comprender bien la reacción inicial del Hombre del Río, marcada por la rabia, el odio y el dolor, tal y como la mayoría de nosotros hubiera reaccionado en un caso comparable.

Y sin embargo, la visión de su amada fue lo que le ayudó a encontrar el camino de vuelta a la verdad, y la clave para hacerlo estuvo en el perdón y el amor incondicional. La plena aceptación del perdón y el amor incondicional le permitió liberarse de la toxicidad emocional que llevaba dentro y alinearse con los ciclos de la vida. El resultado fue que encontró su propia libertad personal.

Lo mismo sucede en nuestras vidas. Cuando perdonamos, nos liberamos de la carga de la negatividad y el resentimiento. Cuando nos adentramos en el río del amor incondicional, de pronto estamos dejándonos llevar por el flujo de la existencia, en lugar de encontrarnos nadando contra la corriente. En la tradición tolteca contamos con una herramienta muy efectiva, la Relación y la Recapitulación Toltecas, para ayudarnos a perdonar y liberar el veneno emocional que sobrellevamos de resultas de las experiencias del pasado. En este capítulo he incluido un ejercicio relacionado con estas prácticas tan poderosas.

Piensa en las tragedias que has experimentado en la vida. Después del paso del tiempo, ¿eres capaz de contemplarlas con distanciamiento y verlas como parte de los ciclos de la vida? ¿Es posible que tales tragedias también te brindaran unos regalos inesperados? El reconocimiento de los regalos recibidos como resultado de una tragedia no implica que fuera una elección por tu parte, pero indica que ahora tienes una comprensión más profunda de los ciclos del amor y de la vida. Cuando uno de nuestros sueños se viene abajo, como en último término sucede con todos los sueños, lo mejor que podemos hacer para ayudarnos y para ayudar al mundo es adentrarnos en el río del amor incondicional y dejarnos arrastrar por el flujo de la vida.

Nadie ha dicho que el camino del chamán vaya a ser fácil, y la alineación con la vida, en particular cuando es el resultado de una tragedia, muchas veces requiere que hagamos acopio de todo nuestro valor personal. Lo que no significa que vayamos a eludir sentimientos tan normales y comprensibles como la tristeza y el dolor; los compartimos en la medida de lo necesario, pero, al cabo de cierto tiempo, podemos elegir desprendernos de estos acontecimientos en lugar de permitir que nos consuman y nos mantengan recluidos en nuestro personal infierno de sufrimiento.

El apego y la adicción al sufrimiento

Los sacerdotes mayas y los demás conquistadores también nos brindan una lección: hay que desconfiar de nuestro apego a unas creencias o ideas. Los mayas sacrificaron a la amada del Hombre del Río por causa de la superstición y el fanatismo religioso, convencidos de estar haciendo la voluntad de sus dioses. Los conquistadores mataron a los mayas en su afán de obtener pertenencias materiales, lo que es otra forma de fanatismo.

En ambos casos, estos grupos llevaron a cabo acciones que provocaron gran sufrimiento, pero esta es la idea a retener: tanto los unos como los otros estaban convencidos de que sus ideas y creencias eran las correctas. Del mismo modo que los sacerdotes mayas dieron muerte a la amada del Hombre del Río, los conquistadores saquearon las aldeas de los mayas y mataron a muchas personas; en ambos casos, la causa hay que buscarla en el pensamiento fanático, en la locura del extremismo en sus creencias.

En el primer libro de mi hermano don Miguel Ruiz Jr., *Los cinco niveles del apego* (Ediciones Urano, Barcelona, 2014), se recurre a la sabiduría de nuestra tradición familiar para explicar los riesgos de corromper tu propio sueño personal a través del apego. Muchas personas son conscientes del peligro de sentir demasiado apego por el dinero o las pertenencias materiales, pero estos, de hecho, son apegos secundarios. Nuestros apegos primarios tienen que ver con nuestras propias convicciones y creencias, que se tornan potencialmente peligrosas cuando las convertimos en parte de nuestra identidad. Cuando tal cosa sucede, dejas de considerar tu creencia como una simple creencia; ahora consideras que «es como funciona el mundo». Si llegas a sentirte tan apegado a una creencia, y esta creencia resulta amenazada, es posible que te conviertas en un fanático.

Lo cierto es que las creencias y las ideas tan solo existen en un lugar preciso: la mente humana. No están «ahí fuera», en el mundo exterior, sino que son el prisma bajo el que lo contemplamos todo. Si no les ponemos límite, es posible que nos lleven a corromper el mundo.

¿Hay algunas áreas de tu vida en las que te propongas imponer tus creencias personales a los demás? ¿Haces lo posible por controlar a otros? Por poner un ejemplo, ¿crees que el camino del chamán es la dirección que todo el mundo tendría que seguir? No lo es. Hay otros que siguen sus propios caminos y se trasladan por la vida siguiendo su propio ritmo y su propia secuencia temporal.

El apego es una de las formas en que la mente nutre su adicción al sufrimiento. Tanto los mayas como los conquistadores no producían más que sufrimiento, y la causa común era el apego y el fanatismo. Una vez que su amada fue arrancada de su lado, el Hombre del Río escogió el sufrimiento en lugar de la paz, durante largo tiempo, hasta que el espíritu de su amada le ayudó a percibir que había otra forma de vivir. Los mayas, quienes atormentaron al Buen Conquistador, también estaban atrapados en el ciclo del sufrimiento. En su búsqueda de lo que etiqueta como «correcto», la mente llega a justificar la necesidad de casi toda acción, por mucho sufrimiento que esta acción pueda originar.

Esta adicción al sufrimiento forma parte del actual Sueño del Planeta. Hasta que los seres humanos reconozcamos los lazos existentes entre el apego y la adicción al sufrimiento, continuaremos presenciando la negatividad que causa. Los atentados terroristas, las matanzas indiscriminadas a tiros o las guerras son algunos ejemplos en este sentido, y van a seguir dándose hasta que la humanidad en su conjunto cobre conciencia de nuestra adicción al sufrimiento. Dicho esto, aún estamos a tiempo de percibir la belleza que también se da en el mundo, en paralelo al gran sufrimiento que acabamos de mencionar.

En resumen, cuando nos esforzamos en combatir la naturaleza cíclica de la vida, el resultado es que sufrimos. Cuando conseguimos alinearnos con la vida tal y como tiene lugar, entonces podemos avanzar y abrazar el amor. Si no somos conscientes de nuestras propias creencias, corremos el riesgo de caer en el fanatismo, un producto del miedo y del odio. Cuando nos aferramos a nuestros resentimientos y al dolor que otros nos han causado, los que sufrimos somos nosotros, porque nos encontramos alejados de la paz inherente al amor incondicional.

Ejercicios

Percibe tu propia adicción

La mayoría de las personas son incapaces de vivir en paz durante largo tiempo. En su lugar, tratan de crear dramas o problemas en sus vidas. No se trata de algo personal; es una dolencia de la mente humana. El objetivo del chamán consiste en percibir esta tendencia enquistada en el interior, porque la toma de conciencia es el primer paso para cambiar.

Piensa en los últimos acontecimientos en tu vida y en tu relación con otros. Casi cualquier tipo de relación sirve; con tu pareja, con un amigo o con un familiar. Anota en un papel una ocasión en que escogiste el sufrimiento en vez de la paz. ¿En qué momento te decantaste por montar un drama con esa otra persona en lugar de ver las cosas desde el punto de vista del amor? El propósito de este ejercicio no es el de hacer que te flageles, sino, sencillamente, reparar en la adicción de la mente al sufrimiento. Tómate algo de tiempo para reflexionar y, a continuación, escribe en esa misma hoja cómo podrías haber conseguido que las cosas fueran distintas, de un modo que atenuara o eliminara el sufrimiento y el drama.

¿Tú también eres un conquistador?

Los seres humanos estamos dotados de gran inteligencia, lo que puede resultar maravilloso. Por desgracia, es frecuente que usemos nuestra inteligencia para tratar de subyugar a otra persona e inculcarle nuestro punto de vista. Podemos darle un nombre a esta necesidad de conquistar: ser un conquistador. En mi tradición familiar, un conquistador es una persona que invade los sueños de otros porque está convencido de que esas personas siempre tienen que hacer lo que él considera oportuno. Así es como nace el fanatismo.

Cuando estamos sumidos en el fanatismo, hemos llegado a un punto de apego a nuestras convicciones que nos lleva a considerar que nuestro punto de vista es el único verdadero, y que todos los que piensan distinto andan muy equivocados. Es fácil señalar a los demás que se muestran fanáticos, pero el auténtico viaje del chamán consiste en asomarse al interior y detectar el fanatismo propio, reconocerlo como tal y trabajar para desprenderse de la creencia de que los demás tienen que sentir o actuar de la misma manera. Teniendo presente este viaje destinado a descubrir quién eres en realidad, piensa en una cosa: ¿dónde y en qué circunstancias te comportas como un conquistador? ¿Qué creencias consideras que los demás tienen que acatar? ¿Son del tipo político? ¿Espiritual? ¿Tienen que ver con tu régimen alimenticio personal? Tómate tu tiempo para reflexionar y percibe en qué lugar de tu mente aparecen las convicciones fanáticas. La percepción y el reconocimiento de que existen son el primer paso para desenmarañarlas en tu mente.

El perdón mediante la Relación y la Recapitulación Toltecas

Todos contamos con alguien a quien tenemos necesidad de perdonar. No perdonamos porque la otra persona lo necesite o —incluso— se lo merezca, sino porque la carga que supone sobrellevar la negatividad en nuestro interior nos impide avanzar.

Aferrarnos a la negatividad y el resentimiento es una muestra de nuestra adicción al sufrimiento. Estás consumiendo un veneno mientras te mantienes a la espera de que otros vayan a morir. Pero ellos siguen incólumes. Aunque tengas claro todo esto en el plano intelectual, no por ello vas a liberarte de los resentimientos para siempre; así de profunda es la adicción de la mente al sufrimiento. El propósito de este ejercicio es el de ayudarte a asumir el perdón y comprender que el perdón es necesario para que *tú* puedas avanzar; en este sentido, la otra persona resulta poco menos que irrelevante.

En mi tradición familiar, hay dos procesos de interés en este sentido: uno de ellos es la Relación Tolteca, que es un inventario detallado de los acontecimientos en tu vida, y el otro es la Recapitulación Tolteca, una práctica de respiración que te permitirá liberar toda aquella negatividad que encuentres y recuperar tu poder emocional. Llevados a la práctica en conjunción, estos procesos pueden ayudarte a llevar el perdón a los acontecimientos dolorosos y traumáticos de tu pasado personal.

La Relación Tolteca al completo incluye el inventario de los hechos en tu vida entera. Pero, a efectos prácticos, nos limitaremos a utilizarla como una herramienta para el perdón.

Con esta finalidad, quiero que pienses en el episodio más trágico o traumático que hayas experimentado en la vida. Quizá fue una ocasión en que otros abusaron de ti física, mental o emocionalmente. Acaso se trató del final de un matrimonio, la muerte de un ser querido o un accidente o enfermedad grave. Escoge aquella experiencia que mayor desazón te provoque y con la que preferirías hacer las paces. A continuación quiero que escribas una descripción detallada de dicho acontecimiento. Sé que te resultará difícil, pero la cuestión de fondo es que tienes que estar dispuesto a contemplar dicha experiencia en profundidad, a fin de desprenderte de los restos de dolor emocional y negatividad que siguen haciendo mella en ti. Acuérdate de que todo esto lo estás haciendo por y para ti, y para nadie más; lo que está en juego es tu paz interior y tu libertad personal. Escribe todo cuanto recuerdes sobre el acontecimiento, qué sucedió, cómo te sentiste en aquel momento, qué pensaste y todo lo demás que logres recordar.

Una vez que hayas escrito tu crónica de la situación, habrás de pasar al proceso de recapitulación. A tal fin, encuentra un espacio tranquilo en el que puedas sentarte con comodidad o tumbarte sin que nadie te moleste durante bastantes minutos.

La recapitulación consiste en asumir los acontecimientos o recuerdos negativos que nos obsesionan quitándoles las garras y los colmillos, por así decirlo. Lo que hacemos es despojarlos de su carga emocional. En ausencia de carga emocional, un recuerdo se vuelve neutral y cesa de generar sufrimiento en nuestro interior, con lo que dejas de ser cautivo de este evento del pasado.

Numerosas tradiciones espirituales reconocen la vital importancia de nuestra respiración. El chamanismo no es una excepción, y el proceso de recapitulación emplea el poder de la inhalación y la exhalación para eliminar las emociones negativas asociadas al acontecimiento en cuestión, pues te vales de la inspiración para recobrar las energías puestas en este recuerdo y de la espiración para expeler las energías negativas que dicha situación ha estado alimentando en tu interior.

Tras completar la relación del evento, sigue reflexionando sobre él e inspira profundamente. Mientras lo haces, concéntrate en evocar todas las emociones negativas que experimentaste durante este episodio. Percibe la conexión entre la energía y las emociones. Considera también las muchas veces que has rememorado dicha situación, utilizando la energía por ella provocada para dañarte a ti mismo y para dañar a otros. Recupera esta energía y llévala a tu interior; es tuya, y tienes derecho a decidir dónde quieres situarla. No tiene por qué estar dedicada al sufrimiento.

Ahora, sin dejar de pensar en el acontecimiento, espira. Al exhalar, empuja al exterior y despréndete de toda la negatividad asociada al episodio. Exhala tu tristeza, tu vergüenza, tu miedo, tus remordimientos, toda la negatividad que surge cada vez que piensas en lo sucedido. Este acontecimiento pertenece al pasado. Ahora es incapaz de hacerte daño, a no ser que tú mismo le confieras el poder para hacerlo, a no ser que permitas que tu mente siga creando sufrimiento en torno a él.

Sigue respirando de esta forma intencionada mientras piensas en dicha situación o evento, hasta que tengas la sensación de que has recobrado toda tu energía y expelido toda la negatividad. Es posible que necesites bastantes sesiones para lograrlo, pero no hay problema. Sencillamente, haz todo cuanto creas que eres capaz de hacer (aunque no sea mucho) en cada momento. Con el tiempo volverás a ser capaz de rememorar este episodio sin sentir una carga emocional, y cuando ello suceda sabrás que has recobrado tu propio poder personal, porque el episodio habrá dejado de ejercer poder alguno sobre ti.

3

EL NACIMIENTO DE QUETZALCOATL

Pon en marcha tu imaginación y creatividad

Quetzalcoatl es la legendaria serpiente emplumada de los antiguos mesoamericanos. Una de las figuras más reconocidas del mundo de ayer, que apareció bajo diversos nombres y manifestaciones en muchas tribus de América Central y del Norte.

El nombre Quetzalcoatl es una combinación de dos palabras en lengua náhuatl: *quetzal* —un pájaro con grandes plumas— y *coatl*, la serpiente. En el relato que sigue también vamos a conocer a Tlaloc, el dios de la lluvia, quien desempeñó un papel decisivo en el nacimiento de Quetzalcoatl.

Un día, tiempo ha, Tlaloc, el dios de la lluvia, estaba sentado sobre una nube, proveyendo de agua creadora de vida a la tierra. Tlaloc se fijó en una bonita cueva, de la que las serpientes salían para recibir el agua nutridora de la vida. Reparó en que una pequeña serpiente no se decidía a salir. Esta serpiente tenía miedo a la luz, le tenía miedo a la vida. Prefería permanecer recluida en la cueva oscura y segura, estaba demasiado asustada para aventurarse al exterior.

Al principio, Tlaloc no actuó, limitándose a observar. Se dio cuenta de que la pequeña serpiente cada vez era más temerosa, que su miedo era cada vez mayor. El dios de la lluvia se apiadó de ella; la pequeña serpiente inspiraba el amor en su corazón. Finalmente, se dijo: «Voy a hacer todo cuanto esté en mi poder para que esta pequeña serpiente salga de la oscuridad a la luz». Movido por el amor, el dios de la lluvia hizo que cayera un fuerte chaparrón. Se encargó de que lloviera con fuerza durante días seguidos, y los días se convirtieron en semanas, y las semanas, en meses. La constante precipitación provocó que en la cueva entrara cada vez más agua. Empezó a inundarse.

Las demás serpientes, sencillamente, salieron de ella, pero la pequeña se veía obligado a reptar por la pared de la cueva oscura, a mayor altura cada vez, para mantenerse lejos del agua de la lluvia. Tenía mucho miedo, y Tlaloc se daba cuenta, pero también comprendía que el sufrimiento era lo único que podía armar de valor a la pequeña serpiente para que saliera de la cueva de una vez por todas.

Por fin, después de meses de lluvia incesante, sin otro lugar al que ir, a la pequeña serpiente no le quedó más remedio que aventurarse al exterior. Al ver que aparecía por la boca de la cueva, Tlaloc detuvo el chaparrón e hizo que se abrieran las nubes; el sol empezó a iluminar la tierra.

La pequeña serpiente se sentía asombrada, pues era la primera vez que salía de la cueva y veía la luz y el mundo exterior. Se maravilló al verlo y disfrutar de la calidez de los rayos del sol. Levantó la mirada al cielo y vio una nueva maravilla: unos hermosos pájaros de vistosos colores, los quetzales, estaban volando a su alrededor. Se quedó fascinada por su belleza y su capacidad para elevarse sobre la tierra y desplazarse con tanta gracia.

Pero otra serpiente se acercó a su lado y dijo:

«Te encanta ese pájaro, ¿verdad? Te gustaría volar como él, ¿no? Y te gustaría ser tan hermoso como él, ¿no es así?»

La pequeña serpiente asintió.

La otra replicó:

«¡Ni lo sueñes! ¡No eres más que una serpiente! ¡Siempre vas a serlo! ¡Naciste para arrastrarte por el suelo! ¡Nunca vas a volar o a ser tan bonita como el ave quetzal!»

La pequeña serpiente se sintió abrumada por la decepción.

Tlaloc, quien estaba observándolo todo, sopló e hizo que las nubes se abrieran más todavía. De pronto, el sol brilló con más fuerza que nunca en los dos últimos años. Y entonces sucedió algo asombroso. La pequeña serpiente bajó la vista y miró un charco de agua de lluvia, y la luz del sol hizo que se encontrara ante su propia imagen. Por primera vez vio sus propios ojos. Y en ese momento se dio cuenta de su verdadero poder. Mientras el cielo azul se reflejaba tras su imagen en el agua, la pequeña serpiente dijo:

«No tengo alas, es cierto, pero cuento con el poder de la imaginación, ¡y la imaginación me permite volar junto a los espléndidos quetzales! Tengo imaginación, y con la imaginación puedo superar cualquier barrera, puedo hacer que lo imposible se torne posible… ¡porque ahora creo en mí!»

El dios de la lluvia sonrió al ver que la pequeña serpiente finalmente había comprendido la naturaleza de su auténtico poder y ya no tenía miedo a la luz. Conmovido por el viaje que la pequeña serpiente había efectuado al centro de su propio poder, Tlaloc decidió ayudarla un poco más. Sopló e hizo que la pequeña serpiente se elevara en el aire, y continuó soplando hasta llevarla a una altura mayor que aquella a la que volaban los pájaros. Al volar por los aires, la serpiente se sintió más llena de vida que nunca antes. Ni siquiera sintió miedo al acercarse al sol. Sabía que la luz del sol no pasaba de ser la misma luz que se encontraba dentro de su propio ser, la misma luz que antes le asustaba. Ahora que se encontraba a tanta altura y tan próxima al sol, la luz de este era como un imán, de tal modo que la pequeña serpiente voló directamente al sol, hasta que se convirtieron en uno..., ¡y en aquel momento se produjo un eclipse total!

Y, a continuación, algo salió del sol. Pero este ser que de repente emergió ya no era una pequeña serpiente temerosa de la vida, sino la gran serpiente emplumada: ¡Quetzalcoatl!

Ya no necesitaba al dios de la lluvia para que sus soplidos le permitieran volar; se había hecho con el poder de su propia imaginación y se había transformado en un ser mayor de lo que antes era al usar su imaginación y creer en su propio poder.

Quetzalcoatl emergió del sol y voló en derredor del mundo, sintiendo la belleza, sintiendo la libertad de la vida y el amor. Al mirar hacia abajo, vio la cueva en la que había vivido encerrada toda la vida y pensó en todos los demás seres del mundo que sufrían como ella misma sufriera en el pasado. No eran conscientes de su propio poder, y lo que quería era serles de ayuda.

Mientras volaba vio la gran ciudad de las pirámides, Teotihuacán. Fue a posarse en la que hoy es conocida como Plaza del Inframundo y dijo:

«En este lugar voy a construir mi templo, porque quiero traer el cielo al infierno. Voy a encargarme de brindar el cielo a todos mis hermanos y hermanas que se encuentran viviendo en el infierno. Estoy aquí para ayudarlos».

¿Alguna vez te has encontrado en una situación en la que sabías que necesitabas cambiar algo pero tenías miedo de hacerlo? Quizá se trataba de un trabajo que no terminaba de convencerte, o acaso estabas manteniendo una relación que ya no funcionaba. La situación te causaba gran sufrimiento, pero no hacías nada por cambiarla, porque te resultaba familiar. Incluso es posible que te dijeras que preferías seguir así porque no querías herir o decepcionar a otros, o que trataras de convencerte a ti mismo de que las cosas irían a mejor si «aguantabas el tipo». Es posible que también te sintieras atrapado, sin saber qué hacer para ponerle fin a tu dolor.

La mayoría de personas hemos vivido experiencias semejantes en algún momento de la vida. Lo mismo que la pequeña serpiente, nuestra tendencia inicial fue la de permanecer escondidos en la oscuridad que nos resultaba familiar y dejar que nuestros temores nos impidieran transformar nuestra existencia en sentido positivo.

Esta tendencia está más extendida de lo que suele considerarse, y así lo expresó de forma sucinta la maestra y autora Marianne Williamson en su libro *Volver al amor*[1]: «Nuestro miedo más profundo no es el de no estar a la altura de las circunstancias. Nuestro miedo más profundo es el de contar con un poder sin límites. Lo que más nos asusta es nuestra luz, y no nuestra oscuridad».

Pero, tal como el dios de la lluvia hizo en el caso de la pequeña serpiente, la vida se encarga de crear situaciones que nos resultan incómodas y nos empujan al exterior de los muros carcelarios que nosotros mismos hemos ido construyendo, en los que noso-

---

1. Ediciones Urano, Barcelona, 1998, 2012.

tros mismos nos hemos ido encerrando. Las situaciones de este tipo, en las que las cosas no salen según las hemos planeado, causan buena parte de nuestro sufrimiento. Sin embargo, el propósito de la vida en tales situaciones no es el de perjudicarnos, sino más bien el de ayudarnos.

En momentos semejantes, nuestro sufrimiento resulta valioso, porque a través de él podemos ver cuáles de nuestras convicciones sobre el amor y la vida ya no nos resultan ciertas. Al sufrir, sabemos que estamos aferrándonos a creencias que tenemos que reemplazar o de las de que hemos de desprendernos.

La transformación abarca todos estos aspectos. No hemos nacido para sufrir, y a pesar de la adicción de la mente al sufrimiento, el *nagual* en tu interior siempre está buscando la luz. Si no puedes encontrarla por tu cuenta, la vida se encargará de crear situaciones que te empujarán hacia la luz. La vida lo hace por la simple razón de que la vida y tú sois una.

Y sin embargo, incluso en el momento de adentrarnos en la luz, siempre habrá quienes nos digan que no somos lo bastante buenos, que no contamos con el poder necesario o, sencillamente, que más vale dejarlo correr porque el esfuerzo es demasiado. Estas voces pueden ser las de personas que nos rodean, pero muchas veces proceden de nuestro propio interior.

En la tradición tolteca damos un nombre a esta voz, la que inunda tu mente de negatividad: el *parásito*. El parásito es esa voz en tu mente que te dice que no estás a la altura, que eres imperfecto, que careces de poder, que mejor harías en permanecer arrinconado en tu cueva y olvidarte de volar en compañía de los pájaros tan bonitos.

Piensa un momento en las ocasiones en tu vida en las que te has dicho «no estoy a la altura», «soy imperfecto». ¿En qué aspectos te consideras que eres imperfecto? ¿Alguna vez tuviste miedo de seguir tus sueños personales? ¿En qué crees que fallas? Quien te está diciendo todas estas cosas es la voz de tu parásito, no el *nagual* alojado en tu interior.

La historia de Quetzalcoatl enseña una lección, referente a la importancia de darnos cuenta del parásito enquistado en nuestra mente y de los relatos ponzoñosos que se inventa. Si escuchamos al parásito y nos creemos sus mentiras sin cuestionarlas, permaneceremos arrumbados en nuestra cueva y nunca nos daremos cuenta de nuestro potencial, o seguiremos contentándonos con ser serpientes y nunca nos atreveremos a volar con las aves. Al mirar el charco de agua y contemplar su propio reflejo, Quetzalcoatl recuerda la existencia de las secretas herramientas destinadas a convertir su vida en una obra de arte, porque desde siempre estuvieron en su interior.

El poder de la creación

Según la tradición tolteca, los chamanes fueron los primeros en darse cuenta de que los seres humanos sueñan de forma constante, y los chamanes fueron los que utilizaron el poder conferido por su propio despertar para crear los sueños de su elección.

Maestros del soñar, los chamanes nos enseñaron que dos de las herramientas más poderosas vinculadas al soñar nada tenían que ver con la fuerza física o la destreza mental, sino que eran la imaginación y la creatividad. Tales son las herramientas del artista, y el uso consciente de ellas es el primer paso en la creación del sueño que desees.

Todos contamos con el poder de la imaginación en nuestro interior, pero muchos lo hemos olvidado. De niños empleábamos la imaginación de modo constante, pero a medida que fuimos creciendo, otros nos dijeron que dejásemos de soñar despiertos o que «nos hiciéramos mayores y aprendiéramos a vivir en el mundo real». Algunos nos indicaron que nuestros sueños eran indeseables, y creímos sus palabras. Si creímos en ellas durante el tiempo suficiente, el parásito terminó por adoptar estas voces ajenas y hacerlas pasar por las nuestras.

No obstante, cuando nos olvidamos de la imaginación y la creatividad, muchas veces tenemos la sensación de que nuestra vida comienza a estancarse. Muchos experimentamos esta sensación en torno a los treinta años de edad, cuando la vida empieza a parecer repetitiva, como si nada nuevo o diferente pudiera sucedernos. Tenemos la impresión de que algo falta, de que la vida ha perdido su «chispa». Lo que echas en falta es la oportunidad de explotar tu creatividad, y la imaginación es la chispa que prende el fuego creativo.

Al hablar de la imaginación y la creatividad no estoy limitándome a su sentido tradicional, vinculado a las artes, sino que más bien me refiero a un estado mental general que influye en la forma en que vivimos la existencia. Está claro que las artes como el dibujo, la pintura, la música, la escritura y demás son maravillosas, pero lo que aquí queremos capturar y cultivar en nuestro interior es ese estado mental de la creatividad y la imaginación que acompaña a dichas manifestaciones artísticas.

Cada vez que te sientas insatisfecho o atrapado por la rutina, el recurso a la acción creativa puede devolverte la plenitud. El intento de hacer algo nuevo o distinto, ajeno a los patrones habituales, puede transformar radicalmente la forma en que nos sentimos. La clave radica en sumirse en la creación sin sucumbir a la voz de tu juez interior, la que te dice «esto no vale nada» o «esto es una pérdida de tiempo».

Si olvidamos la importancia de ser creadores conscientes y poderosos, es simple cuestión de tiempo que comencemos a sentirnos estancados o presos de la rutina, y cuanto más tiempo vivamos en esta cueva de estancamiento, más difícil nos será salir de ella. La creación consciente es lo que nos lleva a sentirnos vivos. La creatividad es un medio maravilloso para poner fin a la adicción de nuestra mente al sufrimiento, porque la una y el otro están en los polos opuestos.

A veces podemos sentirnos tan disociados de nuestra imaginación y creatividad que nos decimos que somos por completo incapaces de crear cosa alguna. Aquí es donde el poder de la inspiración puede sernos de ayuda. Al igual que las aves del relato brindaron nuevas energías a la pequeña serpiente, la inspiración puede elevar nuestro espíritu cuando nos encontramos en la cueva oscura y abrirnos los ojos a las nuevas e ilimitadas posibilidades que siempre han estado en nuestro seno. La inspiración es aquello que el artista emplea para nutrir la imaginación, motivo por el que es tan importante rodearnos de personas, ideas y objetos que nos aporten inspiración.

¿Quién te aporta inspiración? ¿En qué lugar te encuentras cuando disfrutas de tu máxima capacidad creativa? ¿Hay algunos objetos que te sirvan de inspiración? Un escritor amigo mío acostumbra a visitar los museos con obras de arte para inspirarse, por mucho que él no sea un pintor o un escultor. Según explica, la energía que siente al encontrarse rodeado de obras creadas gracias al poder de la creación consciente le sirven de inspiración en su propia labor. Da igual que seas escritor, pintor, escultor, y es igual que no seas un «artista» tradicional; lo que quiero decir es que, cuando te sientes estancado o insatisfecho, la búsqueda consciente de la inspiración puede devolverte la plenitud.

La inspiración, la imaginación y la creatividad son los ingredientes fundamentales para traer una obra de arte al mundo y, en paralelo, también están detrás de la obra de arte que es tu vida. Cuando te das cuenta de tu capacidad para sentirse inspirado, para imaginar y para crear, de pronto tienes las herramientas necesarias para transformar tu vida y convertirla en una obra de arte, para superar los obstáculos que tú mismo has situado en tu camino. Es la historia de Quetzalcoatl, quien por medio de la inspiración, la imaginación y la creatividad transformó su infierno personal en un magnífico cielo.

Como seguramente habrás advertido, la historia de Quetzalcoatl también es una metáfora del despertar del chamán. La pequeña serpiente que tenía miedo a la vida y no era consciente de su propio poder se transforma en una maestra. Como pasa en tantos de los relatos procedentes de mi tradición familiar, el sol representa la Vida, el *nagual*, o la energía de la fuerza vital que conforma todas las cosas y se encuentra en todas ellas. Al fundirse con el sol, Quetzalcoatl se hizo con las riendas de la vida y logró recrear la historia de su vida para que reflejara su verdadero potencial personal.

Después de su transformación, Quetzalcoatl dedicó su existencia a la labor de mensajero. Como mi padre acostumbra a subrayar, la palabra *ángel* significa «mensajero»; Quetzalcoatl se convirtió en un ángel y transmitió este mensaje celestial: la verdad de que puedes crear el cielo incluso en el centro del infierno. Es el mensaje que Quetzalcoatl —al igual que todos los chamanes— decidió compartir para ayudar a las personas a encontrar el camino que les permitiera dejar atrás la oscuridad de la cueva. De esta manera, compartimos con otros el amor que anida en nuestros corazones.

Ejercicios

Imaginación e inspiración

Ahora mismo, ¿qué sueños quieres que se hagan realidad en tu vida? Haz un listado. No te preocupes por «ir a lo práctico»; sencillamente, escribe lo que creas sentir de corazón. Es importante anotar este listado por escrito, en lugar de enumerarlo mentalmente.

Una vez que hayas escrito esta lista, piensa en quién o qué te sirve de inspiración para conseguir tales objetivos. Elabora un listado de estas inspiraciones en paralelo al de tus sueños.

Cuando notes que te entran ganas de volver a encerrarte en la cueva o rendirte, cuando escuches que el parásito te insta a flagelarte, vuelve a mirar los dos listados, piensa en las personas o cosas que te resultan inspiradoras y contempla los sueños que aspiras a convertir en realidad en la vida. Al concentrarte en tus sueños e inspiraciones, harás que tus musas te saquen de la oscuridad y te devuelvan a la luz.

Acción creativa

Lo determinante en este caso es pasar a dicha acción creativa. Puedes sentarte y pensar durante días, semanas o años enteros sobre la manera perfecta de pintar o tocar el piano, pero hasta que no te sientes ante el caballete o el piano no habrás hecho más que pensar.

Escoge un tipo de acción creativa que esta semana vas a abordar. Puede ser la pintura, el dibujo, el tejido, el baile, el canto…, cualquier cosa que te produzca la sensación de estar creando algo.

Es posible que lleves largo tiempo ambicionando hacer o aprender «para siempre» una de estas acciones creativas; en tal caso, ha llegado el momento de pasar a la práctica.

Por favor, ten presente que no tienes por qué ser «bueno» en esta afición o tarea; de hecho, a veces es divertido y agradable ver cómo progresas en una disciplina que no habías abordado hasta la fecha. Después de que hayas pasado a esta acción creativa unas cuantas veces (por lo menos una vez a la semana), pregúntate cómo te sientes al dedicarte a ella. ¿Disfrutas? Si es el caso, ¡sigue adelante! Si no lo es, si decides que esta actividad precisa no es lo tuyo o, sencillamente, quieres tomarte un respiro, selecciona una nueva actividad y prueba con ella durante unas cuantas semanas.

Lo importante es que cultives de forma regular la creatividad que llevas inscrita en ti. Es muy posible que al hacerlo empieces a ver el mundo de forma distinta, y que a medida que profundices en la explotación de tu creatividad, seguramente te preguntes por qué en su momento dejaste de hacerlo.

Deja que el espíritu creativo influya en tus actividades de cada día

Una vez redescubierta tu creatividad, quiero que apliques este espíritu creativo a tus labores cotidianas en el mundo. Ya sea en el hogar o en la oficina, pregúntate cómo puedes salpimentar de creatividad tus actividades de a diario.

Por ejemplo, un buen amigo mío acostumbra a decir «No hay persona en el mundo que barra los suelos mejor que yo», mientras ejecuta una especie de baile y barre con la escoba trazando recorridos imaginativos. Lo cierto es que no hay persona en el mundo que haga algo, lo que sea, del mismo modo exacto que tú, y, hagas lo que hagas, tienes la oportunidad de crear una obra maestra artística.

4

LA SELVA

Una lección sobre la toma de conciencia

La divinidad se halla en todas partes, y por eso el chamán es sabedor de la importancia de la naturaleza y siente respeto hacia todas las cosas.

Un niño azteca, el hijo de un chamán, estaba visitando las desiertas pirámides mayas en compañía de su padre. Maravillado por sus dimensiones y altura, se preguntó si era posible que aquellas gentes fueran capaces de construir tamañas estructuras por su cuenta. Había oído rumores de que los dioses habían bajado del cielo para ayudar a los mayas, y el secreto le producía una curiosidad irrefrenable. No cesaba de hacerle preguntas a su padre, quien terminó por responder:

«Hijo mío, vas a saberlo esta misma noche, cuando duermas».

Esa noche, el niño tuvo un sueño mientras dormía. Soñó que se encontraba en medio de la selva y que la percibía de un modo nuevo por completo. Oía cada movimiento de los árboles, el latir de los corazones de los animales, cada hoja movida por el viento. Sus sentidos captaban toda la increíble vitalidad que le rodeaba. Sentía la conexión con la tierra. Se daba cuenta de que él y la naturaleza eran uno, una entidad marcada por el silencio, la quietud y el vacío, pues tales son las fuentes de las que proceden todas las cosas. Reparaba en que no existe separación entre lo material y lo espiritual. Todo es espiritual. Todo es Dios, todo cuanto nos rodea.

De pronto se fijó en una colonia de hormigas, en el colosal montículo que habían construido. En su imaginación percibió el hormiguero como la secuencia de una película. Primero vio la tierra yerma, y después observó que unas cuantas hor-

migas empezaban a remover la tierra y a construir el hormi-
guero y que más y más hormigas iban sumándose a la empre-
sa, y al final tuvo la sensación de haberse transformado en
una de las hormigas atareadas en el hormiguero. Era una
más de ellas, y trabajando juntas removían la tierra con in-
creíble precisión; se maravilló al ver el montículo que habían
construido de la nada. Antes de ponerse a construirlo, allí no
había nada en absoluto; un colosal hormiguero ahora se pro-
yectaba hacia lo alto, mil veces mayor que cualquiera de las
hormigas.

Al despertar por la mañana, su padre estaba sentado jun-
to al lecho. Antes de que pudiera pronunciar palabra, su padre
le dijo:

«Las hormigas pueden construir un hormiguero mucho
mayor que ellas, y los seres humanos son mucho mayores que
las hormigas. No dejes que las voces de tu mente te llenen de
dudas».

¿Alguna vez has reparado en lo que sucede cuando viajas a un lugar exótico por primera vez? Todo cuanto ves resulta nuevo y fresco, y te sientes maravillado porque tu mente carece de recuerdos o experiencias previas sobre dicho lugar.

Sin embargo, durante tu tercera o cuarta visita es muy posible que adviertas que este destino exótico ya no ejerce el mismo efecto estimulante que antes notabas. Una razón de ello es que, tras la primera experiencia en un lugar, la mente tiene tendencia a considerar que ya lo «conoce», y el resultado es que lo fía todo al recuerdo de dicha experiencia en vez de volver a prestarle toda su atención. Y esto va más allá de los destinos exóticos; te encuentres donde te encuentres en este momento preciso, basta con que lo contemples con una nueva mirada para advertir que se trata de un lugar tan hermoso como impresionante.

Tu mente hace algo similar con los objetos, pues también se basa en los recuerdos del ayer antes que en la experiencia del presente. Un ejemplo: deja de leer un momento y echa una mirada en derredor, y toma nota de cuanto ves. En función de donde te encuentres, es probable que tu mente genere una serie de etiquetas como silla, mesa, cama, etcétera. Si te hallas en el exterior, registrará hierba, árboles, agua, etc.

Así es como la mente percibe las cosas y las etiqueta, vinculándolas al recuerdo y la experiencia pasada. Fíjate en que tu mente, de hecho, ya no contempla estos objetos con atención, pues ya «sabe» lo que son. Pero ¿sus etiquetas efectivamente constituyen una descripción fiel de la realidad? ¿O el verdadero misterio y belleza de todas estas cosas va más allá de cuanto una etiqueta puede encerrar o describir?

Ahora piensa en las personas de tu familia, en tus amigos, en aquellos a quienes ves de forma habitual. Cuando los miras, ¿también crees «saber» quiénes son en realidad? Tu mente quizá lo cree así, pero la verdad es que cada vez que ves a alguien no se trata de la misma persona a quien viste la vez anterior, aunque te encontraras con ella la víspera. Todos estamos cambiando de forma constante, pero la mente nubla nuestra experiencia del momento mediante la proyección de los recuerdos del pasado. Cuando lo hacemos en referencia a otros, no permitimos que cambien; nos limitamos a ver la imagen que tenemos de ellos. Es muy posible que sean completamente diferentes a como eran ayer, o hace diez años, pero no vamos a saberlo si lo fiamos todo a nuestra imagen de ellos en lugar de mirarlos de forma nueva en el momento preciso.

Todo esto indica que nos resulta fácil vivir condicionados por nuestras mentes, en lugar de atender al mundo que se desarrolla en este instante.

Como es natural, la mente no deja las cosas ahí, pues recurre a todas esas etiquetas, proyecciones y recuerdos y a todo lo demás que «sabe» para construir relatos a partir de lo que percibe. Con frecuencia, tales relatos tienen poco que ver con la realidad.

Por poner un ejemplo, supongamos que una persona desconocida entra en la habitación en que te encuentras. La mente bien puede extraer sutiles conclusiones sobre el desconocido basándose en su forma de vestir, el color de su tez, su aspecto físico, etcétera. Al hacerlo, la mente está proyectando sus propias expectativas en esta persona que tienes ante los ojos, sustentándose en el recuerdo de las experiencias del pasado, incluyendo aquellas que nos fueron impuestas por medio de la domesticación. La verdad es que nunca has visto a esta persona, y es imposible que puedas saber algo sobre ella.

A veces, los recuerdos que la mente utiliza para crear estas proyecciones ni siquiera son elecciones conscientes. Por ejemplo, pongamos que la persona que entró en la habitación se parece a alguien que te maltrató años atrás. Aunque no hayas hecho una asociación consciente inmediata entre tu recuerdo del pasado y tu proyección presente, sin darte cuenta puedes decidir que esa persona en particular tiene pinta de ser hostil.

Si te preguntara por qué lo has pensado quizá ni siquiera serías capaz de darme una respuesta. El quid de la cuestión es el siguiente: la persona desconocida podría ser muy amistosa, pero quizá tú nunca lo descubras. Muchos hemos experimentado algo similar en nuestras vidas. Como cuando llegas a conocer bien a alguien que antes solo era un conocido y dices: «No eres como me lo esperaba».

Entender la diferencia entre lo que pasa en el mundo y lo que pasa en tu mente es un factor clave para encontrar tu libertad personal. Hasta que te des cuenta de la diferencia, tu mente posiblemente seguirá creando relatos basados en tus propias dudas, miedos y domesticaciones, factores que, por otra parte, nutren la adicción mental al sufrimiento.

La construcción de relatos de este tipo no se limita a nuestras experiencias con otras personas. La mente con frecuencia te dice, aunque sea de manera sutil, que no puedes hacer esto o lo otro, que no estás a la altura requerida. En la historia de la selva, la mente del niño le lleva a dudar que los mayas fueran capaces de construir las pirámides sin ayudas sobrenaturales; como el niño es un ser humano, lo mismo que los mayas, este escepticismo también es una sutil manifestación de las dudas sobre su propia persona.

Otras veces, la mente opera de un modo que nada tiene de sutil y nos empequeñece recurriendo al lenguaje más descarnado, y es posible que, a fuerza de ser repetido, tal lenguaje se nos quede metido en la cabeza. Una vez más, se trata del parásito, que insiste en reaparecer; si le dejas, el parásito puede terminar por hacerse con toda tu atención. El combate contra el parásito, contra la voz que expresa dudas y juicios negativos sobre la propia persona, es un tema recurrente en las historias de chamanes, porque uno de los pasos más importantes y necesarios en el camino chamánico consiste en desprenderse de las ideas autolimitantes de esta clase.

Me encanta esta historia de la jungla, porque nos ofrece otra eficiente herramienta para detectar la malevolencia de la mente en lo referente a las etiquetas, los relatos y —en especial— las voces de la duda. Tal herramienta recibe un nombre: *toma de conciencia*.

El dominio de la toma de conciencia

La expresión *toma de conciencia* resulta engañosamente sencilla. Hoy se aplica de maneras muy diversas para describir cosas como ser conscientes, estar informados, estar al cabo de la calle, etcétera. Sin embargo, nada de todo esto termina de hacer justicia a la toma de conciencia intrínseca a la tradición tolteca. Para los toltecas, la expresión *toma de conciencia* describe una práctica que va mucho más allá.

La toma de conciencia empieza cuando vivimos el presente en toda su plenitud, prestando renovada atención a todo cuanto tiene lugar en nuestro entorno. La toma de conciencia incluye la voluntad de experimentar lo que ahora está sucediendo y observar todo aquello que se desarrolla en nuestro campo de percepción como algo nuevo y perteneciente al momento, por mucho que la mente nos diga que lo hemos visto mil veces antes.

La toma de conciencia también implica emplear *todos* los sentidos para aprehender lo que tiene lugar: las imágenes, los olores, los sonidos, los sabores y las sensaciones. Muchas personas lo fiamos casi todo a nuestro sentido más importante (la vista, en la mayoría de los casos) a la hora de recabar información sobre el mundo, y cuando descuidamos los demás sentidos la mente lo tiene más fácil para hacerse con nuestra atención, porque estamos limitándonos a percibir el mundo a través de una sola fuente. Cuando recurrimos a todos nuestros sentidos para llegar a la toma de conciencia, nos resulta más fácil concentrarnos en el ahora en lugar de vernos arrastrados por los relatos inventados por nuestras mentes. Al practicar la toma de conciencia, ten bien presentes cada uno de tus sentidos y cuanto están diciéndote en el momento: ¿qué hueles? ¿Qué estás escuchando? ¿Qué notas en las yemas de los dedos? ¿Qué sabor tienen las cosas?

La toma de conciencia empieza por concentrar la atención en cuanto tiene lugar en el exterior, pero la cosa no termina ahí. Tomar conciencia asimismo significa que percibes las reacciones de tu mente a esos acontecimientos exteriores, incluyendo todas las etiquetas, los relatos, las creencias o las ideas que van surgiendo de forma sucesiva, en particular aquellos que activan la adicción de la mente al sufrimiento.

Al tomar conciencia de nuestras construcciones mentales nos es más fácil descartar todas las creencias, las ideas o las historias inciertas antes de que provoquen una reacción en nuestro interior. Al hacerlo, conseguimos desenmascarar a la mente empeñada en alimentar su adicción al sufrimiento y eludimos las trampas que va sembrando en nuestro camino.

La toma de conciencia de cuanto tiene lugar dentro de nuestra mente puede ayudarnos de muchas maneras. Por poner un pequeño ejemplo, supongamos que alguien te hace un elogio y te dice: «Eres una gran persona». En principio se trata de un elogio maravilloso, que da la impresión de ser fundamentalmente inofensivo. Y es inofensivo… siempre y cuando no fundamentes gran parte de tu felicidad en tal elogio (o en otros elogios, del tipo que sean).

Si lo haces, en tal caso, cuando alguien te diga lo contrario o cuando no te elogien ni te hagan cumplidos, terminarás por sentirte infeliz. Si alguien te dice que eres una gran persona y otro no te dice nada en absoluto, es posible que te lleves una decepción, porque tu identidad está empezando a depender de la aprobación de los demás. Al reparar en tu reacción a los elogios, o a la ausencia de elogios, estás cobrando conciencia de la necesidad que tu mente tiene de aplausos, adulación o alabanzas, y esta toma de conciencia constituye el primer paso para volver a hacerte con el control sobre tu propia felicidad. Cuando ya no necesitas que otros te digan qué clase de persona eres, el amor que sientes por ti mismo deja de ser condicional.

Tienes claro que eres una gran persona, y ya no precisas que otros te lo hagan saber.

Un buen amigo mío descubrió una curiosa forma de desprenderse de la necesidad de recibir la aprobación de los demás. Cada vez que alguien le hacía un elogio, mi amigo se decía a sí mismo que lo formulado por el otro era cierto, con independencia de que siguieran repitiéndoselo o no. Por ejemplo, si alguien le elogiaba diciendo «eres una persona estupenda», mi amigo daba las gracias y, mentalmente, se recordaba: «Sí que lo soy, pero no porque tú me lo digas o dejes de decírmelo». Era su manera de tener bien presente que la verdad sobre su naturaleza no estaba en función de la aprobación ajena.

Mediante la toma de conciencia interior te das cuenta de que las personas pueden brindarte elogios o no, y por muy bienvenidos que sean los elogios, tu felicidad no depende de que te los hagan.

Un ejemplo que va más allá: supongamos que creciste en el seno de una familia que te domesticó con insistencia hasta inculcarte la idea de que no estabas a la altura requerida, de que eras insuficiente. Es posible que tus padres o cuidadores, en razón de sus propias domesticaciones previas, no te apoyaran en tus objetivos (en el mejor de los casos) o te desanimaran a la hora de probar cosas nuevas, correr riesgos o traspasar los límites por ellos marcados (en el peor de los casos). Si no eres consciente de tal domesticación, es posible que no llegues a solicitar el empleo que ambicionas de verdad, no termines de establecer una relación amorosa o no trates de llevar a cabo proyectos creativos por la simple razón de que una voz está susurrándote en un rincón de la mente: «No eres capaz de hacerlo; ni te esfuerces en intentarlo».

Al tomar conciencia de tus propias dudas, creencias limitadoras de tu potencial y juicios de valor sobre tu persona, y de los orígenes de todos ellos, por fin estás en disposición de ver el mundo con claridad, de verte a ti mismo con claridad. Reconocerás la voz de tus domesticaciones y recordarás que en tu interior anida el poder necesario para crear la vida que quieras, en vez de la que te dijeron que tenías que vivir.

De acuerdo con la tradición tolteca, una vez que empiezas a practicar la toma de conciencia con regularidad decimos que ahora eres un *cazador tolteca*, pues no das un respiro a tu mente, constantemente estás al acecho de la aparición de pensamientos y creencias que no te sirven para que puedas derrotarlos, en lugar de permitir que vuelvan a llevarte al sufrimiento.

A medida que profundices en la toma de conciencia, descubrirás que cada vez vives más sumido en el presente, y no en los remordimientos por el pasado o en las imaginarias angustias por el futuro. Mientras desarrollas la toma de conciencia, también comienzas a detectar sutiles sensaciones o energías en las que antes quizá no reparabas. Lo que resulta particularmente útil a la hora de tratar con otras personas, pues puedes proteger tu propia energía interior al manejarte con quienes viven aherrojados por su propia negatividad.

Recuerda que estás aquí para ayudar y servir, pero, a la vez, cada persona hace sus propias elecciones, y tenemos que respetar su derecho a seguir uno u otro camino. De esta manera, la toma de conciencia facilita que no nos veamos arrastrados por la negatividad de otros.

De forma más importante, el refuerzo de tu toma de conciencia te ayuda a derrotar tu propia negatividad. Cuando el niño de nuestro relato establece conexión con todos sus sentidos, escucha cada sonido y nota hasta el menor movimiento, deja de prestar atención al señuelo de sus creencias falsas y limitadoras de su potencial personal. Una vez que toma conciencia en grado suficiente y hace caso omiso de los relatos de su mente, se transforma de forma mágica en un miembro de la colonia de hormigas y se da cuenta, por medio de la construcción del hormiguero, de que todas las personas son capaces de crear construcciones espléndidas.

La transformación del niño en una hormiga es símbolo del poder de la toma de conciencia. Cuando te conviertes en un maestro de la toma de conciencia tienes acceso a la fuente de un poder que escapa a la comprensión humana, pues la toma de conciencia te lleva a converger con la vida misma, con el *nagual*. Lo más asombroso es que cuando vivimos en el momento, conscientes de cuanto sucede en nuestro interior a la vez que en el exterior, nos resulta más fácil ver la belleza de la pura vida que lo inunda todo. Percibimos la distinción entre estar en armonía con la vida y etiquetar, proyectar y crear relatos sobre ella.

La toma de conciencia es un proceso tan importante que todas las demás herramientas descritas en este libro están vinculadas a él. No vas a poder investigar tus domesticaciones, los juicios que haces sobre ti mismo, tus resentimientos ni todas las demás creencias que te impiden vivir tu verdad hasta que seas consciente de ellos.

El dominio de la toma de conciencia hace referencia a este estado de sensibilidad extrema en el que nos hacemos con las riendas de nuestra mente, en lugar de permitir que la mente nos sojuzgue. En lo que respecta a la mente, es necesario tomar conciencia de muchísimas cosas, y este viaje al principio puede resultarnos abrumador. Lo bueno es que con el tiempo se torna más fácil, y cada vez que nos desprendemos de otra falsa creencia nos sentimos más y más libres.

Cuando mis hermanos y yo eramos pequeños, nuestra abuela solía hacernos una misma pregunta:

«¿Qué tiempo hace hoy?»

Al avanzar en los viajes propios de la tradición tolteca, terminamos por comprender que su pregunta nada tenía que ver con las condiciones atmosféricas, sino que tan solo hacía referencia a lo que sucedía en el interior de nuestras mentes.

Ejercicios

La reconexión con la naturaleza, una meditación para la toma de conciencia

La naturaleza es uno de los mejores lugares en los que reforzar el proceso de toma de conciencia, pues es algo mucho mayor que tu persona, y cuyas dimensiones son verdaderamente indescifrables para la mente humana. Todas nuestras magníficas innovaciones en la ciencia y la tecnología, los edificios y las ciudades, se quedan cortas en comparación con un árbol o una hoja, por no hablar de un bosque entero. Muchas personas encuentran que les resulta considerablemente más fácil desprenderse de los relatos mentales de esta clase cuando están en plena naturaleza; cuando te alejas físicamente de las creaciones de la mente en el exterior, más fácil te resulta hacer otro tanto con aquellas creaciones en el interior.

Al desarrollar la toma de conciencia mediante el recurso a los sentidos físicos para abrazar las sensaciones, los sonidos, las imágenes y los olores de la naturaleza en tu derredor, de forma inevitable empiezas a tomar conciencia de lo que también tiene lugar dentro de tu mente. Te das cuenta de los pensamientos que te arrebatan del momento presente, de los temores, los juicios de valor, los remordimientos por el pasado, y cobras conciencia del parásito y el *mitote* en tu mente, del millar de voces que pugnan por hacerse con tu atención.

Esta meditación tiene lugar mientras paseas. Cuanto más te adentres en la naturaleza y te alejes de las distracciones causadas por las creaciones humanas, mejor. No lleves el teléfono móvil encima. Resulta maravilloso pasear por un bosque, pero el jardín posterior de tu casa también es adecuado. Como hiciste en el ejercicio inicial de meditación, concéntrate en lo que te rodea. No conviene que cierres los ojos al caminar (y menos aún en un bosque, en cuyo suelo puede haber ramas, raíces y piedras), sino aprovecha la oportunidad para contemplar las cosas que te circundan, para oler las hojas y la hierba, para escuchar el susurrar de las ramas o el sonido de los animalillos al salir corriendo. Acaricia la corteza de los árboles y concéntrate en la sensación en las manos. Concéntrate en el sabor de la lluvia en el aire. A medida que te desconectas de las creaciones de la humanidad y tu atención se vuelca en la naturaleza, deja que la quietud inherente a todas estas cosas se haga con tu atención. Concéntrate en el silencio que está detrás del canto del grillo y del trinar de los pájaros.

Tu mente vagará, como siempre, pero cuando tal cosa suceda, vuelve a concentrar la atención en el presente poniendo toda tu atención en lo que percibes en tu derredor y, a continuación, en la quietud y el silencio de fondo. Toma nota del crujir de la hojarasca bajo tus pies, del olor de las hierbas silvestres y las flores. Al encontrarte en la naturaleza, te será más fácil concentrar los sentidos en lo que de verdad tiene lugar en el exterior —y no en lo que tu mente «sabe» que está sucediendo en un entorno familiar—, así como llevar dicha concentración a tu propio interior.

Mantras de intención

Todos sentimos dudas, y si las dejamos campar a sus anchas pueden convertirse en un arma muy poderosa de la mente. En el plano personal, cuando me siento asaltado por las dudas, encuentro que vale la pena recordarme cuáles son mis intenciones precisas. Una buena forma de hacerlo consiste en incorporar la práctica de un mantra a diario.

A fin de crear un mantra de intención, por la mañana siéntate unos minutos en silencio y pregúntate qué intenciones o propósitos tienes en lo concerniente a la obra de arte que es tu vida. En otras palabras, ¿qué cualidades estás tratando de cultivar en tu existencia? ¿Qué objetivos estás intentando conseguir?

La respuesta puede ser «quiero mantener la calma en las situaciones estresantes», o «Quiero ayudar a los demás», o «Quiero desarrollar la capacidad de vivir el ahora». Tu mantra también puede ser un objetivo específico, como conseguir determinadas cosas en el trabajo, la universidad, el hogar, etcétera. Formula tu intención poniendo énfasis en lo que haces, y no en lo que no llegas a hacer.

Una vez que hayas establecido tu intención diaria, dila en voz alta por la mañana y llévala contigo durante el resto de la jornada. Si estás al volante y te encuentras en un atasco de tráfico, repítela. Si se te cae un poco de café en tu camisa preferida, repítela. Repítela en toda situación que pueda alimentar las dudas en tu interior. Es tu forma de recordar quién eres y qué quieres alcanzar, y te ayudará a mantenerte concentrado en lo positivo.

5

LA INICIACIÓN DE LA SERPIENTE DE CASCABEL

El poder del ritual

Uno de los rasgos peculiares del chamán es que, en lugar de adoptar las creencias de los demás, mira en su interior con el propósito de descubrir las respuestas que ya están ahí. El chamán sigue su propio camino, no el trazado por otros. Los rituales son una forma de profundizar en la práctica, siempre y cuando tengas cuidado de participar en ellos con plena conciencia, y tan solo sigues ejecutando un ritual porque te resulta personalmente útil, y no por las connotaciones que pueda tener para otros. El camino hacia la libertad personal no requiere de rituales precisos del tipo inmutable.

En mi caso, mi padre llevó a cabo un ritual en beneficio de mi hermano y yo en una montaña del sur de California llamada Madre Grande, una iniciación al sendero del *nagual*. Mi hermano y yo escogimos seguir el camino y participar en la iniciación, pero no esperábamos encontrarnos con la asombrosa ceremonia que mi padre desarrolló en conjunción con la Madre Naturaleza.

Mi hermano, don Miguel Ruiz Jr., describe así lo sucedido ese día[2]:

> *Nada más llegar a la montaña, mi padre nos llevó a dar un paseo por los campos, explorándolos como hiciéramos en el paso. Tras encaramarnos a unos grandes peñascos, descubrimos un pequeño sendero, que enfilamos hasta llegar a la mitad aproximada de la ladera. Jose iba por delante, seguido por mi padre y yo. Mi hermano encontró una hendidura, similar a una pequeña cueva, entre cuatro grandes rocas. Mi padre en-*

---

2. Extraído del libro de don Miguel Ruiz Jr., *El pequeño libro de la sabiduría de Don Miguel Ruiz* (Urano, Barcelona, 2017).

tró el primero, para asegurarse de que no había peligro, y nos invitó a seguirlo.

Tomamos asiento, y mi padre empezó a contarnos la historia de nuestra familia, a hablarnos de don Eziquio Macias, el abuelo de nuestra abuelita, del padre de esta, don Leonardo Macias, de los toltecas y su cultura y su filosofía...

«Para mí, que los dos quisieran venir a este lugar es una señal de poder —nos dijo—. Significa que ha llegado el momento de iniciarlos a ambos en el camino tolteca. ¿Les gustaría ser iniciados?»

Jose y yo nos miramos y asentimos. Habíamos estado esperando que llegara el día en que pudiéramos aprender más sobre nuestra tradición familiar.

«Bien», dijo mi padre.

A continuación sacó de la mochila dos pequeñas bolsas de cuero y nos dio una a cada uno. En el interior de cada una de ellas había un palo, un cordel rojo, un retal de tela roja, un cordón de cuero, siete piedras (cinco grises, una negra y otra blanca) y una pluma de águila. Nos pidió que lo sacáramos todo y lo lleváramos junto a nuestro corazón.

«Esta es su iniciación, hijos míos. Son los artistas de sus vidas y están dando los primeros pasos en un viaje muy largo,

el viaje del amor y del conocimiento de uno mismo. Van a abrazar el Sueño del Planeta durante muchos años, en algún momento van a perderse y terminarán por encontrar el camino de regreso al hogar. Estaré con ustedes para ayudarles a cada paso. Cojan las piedras y sosténgalas en la mano izquierda. Cada una de las piedras representa un acuerdo que van a establecer en su condición de aprendices.»

Hicimos lo indicado y escuchamos su explicación del significado de cada una de las piedras.

«La primera piedra representa el acuerdo de Ser Impecable con Tus Palabras. Pues la palabra es la que crea el sueño en que vives. El uso que hagas de ella hará que te sientas feliz o triste. Pero, si eres impecable con tus palabras, siempre conocerás el amor.

»La segunda piedra representa el acuerdo de No Tomarte Nada Personalmente. Nada de cuanto los demás hacen tiene que ver contigo, lo que significa que tan solo eres responsable de tus propias acciones y de tu propia percepción. Esto es clave para vivir la vida con libre voluntad.

»La tercera piedra representa el acuerdo de No Hacer Suposiciones. Siempre tienes que estar dispuesto a preguntar sobre aquello que no conoces. Si respondes con tu propio relato, es

posible que comiences a creer en una ilusión. Siempre has de estar dispuesto a ver la vida tal y como es.

»La cuarta piedra representa el acuerdo de Hacer Siempre Lo Máximo que puedas. Lo máximo que puedas siempre va a cambiar, pero siempre has de estar dispuesto a pasar a la acción cuando la vida te dé la oportunidad de hacerlo.

»La quinta piedra representa el acuerdo de Escuchar Siempre, Pero Manteniéndote Escéptico. Escéptico incluso con lo que en este momento les estoy diciendo. No me crean, pero escuchen. No crean en sus propias palabras, las del narrador en su mente, pero escuchen. Y no crean a nadie más, pero escuchen. Hijos míos, la clave radica en escuchar con escepticismo, siempre. Hay un elemento de verdad en cada voz que escuchan, pero a ustedes les corresponde discernir qué partes resultan verdaderamente ciertas para ustedes.

»En sexto lugar, esta piedra negra representa la Muerte. La Muerte es nuestra principal maestra; nos da todo lo que tenemos, y más tarde lo recuperará en su totalidad. Así que aprendan a apreciar lo que tienen y permanezcan dispuestos a renunciar a ello una vez que la Muerte venga a recobrarlo.

»En séptimo lugar, esta piedra blanca representa la Vida. Nuestro principal temor no es la Muerte; es la Vida. No ten-

gan miedo de vivir, no tengan miedo de ser ustedes mismos, no tengan miedo a nada. *Disfruten de todo mientras se encuentre aquí, del mismo modo que ustedes se encuentran aquí.*

»*El palo representa el viaje de la vida, una serpiente con dos cabezas que representa su viaje entre dos sueños. Por favor, envuelvan el palo y las piedras con esta tela roja y anúdenla con el cordón de cuero.*

»*Ahora cojan esta pluma. La pluma representa la libertad, la capacidad de ir por cualquier dirección en la vida, porque son tan libres como el viento, nada ni nadie puede detenerlos, el viento y sus alas operan en armonía, en tanta armonía como su mente y su corazón. Recuerden siempre quiénes son.*»

Mi hermano y yo seguimos las indicaciones de mi padre del mejor modo posible. Nos ayudó a anudar la pluma con el cordel rojo para terminar de elaborar nuestro objeto de poder, el símbolo de nuestro aprendizaje. Cuando estábamos terminando, mi padre dio un paso, salió y se situó en la misma entrada de la cueva. Con su espalda vuelta hacia el sol, su sombra se proyectaba contra el suelo de la cueva. A continuación levantó las manos sobre la cabeza, de tal manera que su sombra ahora llevaba a pensar en una serpiente, cuya cabeza estaba formada por las manos alzadas sobre la cabeza. Meneó los dedos en imitación del movimiento de la lengua de una serpiente y comenzó a mover el cuerpo de lado a lado en una danza rítmica. El resultado era que su sombra ahora recordaba una serpiente que se arrastrara por el suelo sacando la lengua a intervalos.

Mi hermano y yo contemplamos la sombra de la serpiente que culebreaba por el suelo de la cueva. De pronto, por la ladera de la montaña empezó a resonar el ruido de muchas serpientes de cascabel. Nos miramos asombrados; a los dos nos costaba creer que esto estuviera teniendo lugar.

Mi padre estaba tranquilo.

«Las serpientes de cascabel han aceptado su iniciación —dijo—. Ahora son aprendices de la vida.»

Mi padre dio un paso y se hizo a un lado, y el ruido de las serpientes de cascabel dejó de oírse. Jose y yo seguíamos tratando de encontrarle el sentido a lo que acababa de suceder...

Ese día en las montañas, mi padre nos enseñó que un ritual puede ser una herramienta muy eficaz a la hora de prepararte para recorrer el camino del chamán. Los rituales son de ayuda porque constituyen la expresión física de tu deseo interior. Ponen de manifiesto cuál es tu intención, y trasladan dicha intención desde el ámbito del mero pensamiento hasta el mundo de la acción. Cuando te sometes a un ritual, también accedes a la poderosa energía de las cosas que te rodean y te alimentas de dicha energía para que te sirva de ayuda durante el camino.

La historia de nuestra iniciación asimismo demuestra que ciertos chamanes tienen la capacidad de entrar en comunión con la naturaleza de un modo que no puede ser explicado. No hay una razón científica por la que mi padre, un poderoso chamán, pudiera comunicarse con aquellas serpientes de cascabel, pero yo estuve allí y lo presencié con mis propios ojos. Mi padre ha hecho otras cosas que la mente tampoco puede explicar, como conseguir que unas nubes apareciesen y desapareciesen ante un grupo de aprendices en Machu Picchu, Perú, o visitar a personas mientras soñaban por la noche (en mi propio caso, me visitó una noche cuando yo tenía diez años de edad).

Un amigo mío cierta vez le preguntó cómo hacía todas estas cosas, y mi padre respondió:

«No puedo decírtelo, pero no porque sea un secreto, sino porque no hay palabras para describir cómo se hace».

A pesar del gran interés suscitado por estos hechos milagrosos, mi padre nunca ha permitido que tales fenómenos aparten su atención del mensaje primordial del chamanismo y sus enseñanzas: encontrar la propia libertad personal, desprenderte de la adicción al sufrimiento, ser de ayuda para otros.

Si recuerdas, cada uno de los objetos en la bolsa era el símbolo de una labor interior. En otras palabras, los palos, las piedras y las plumas eran los símbolos exteriores de unos acuerdos interiores que estábamos estableciendo con nosotros mismos. Los objetos de este tipo son simbólicos recordatorios exteriores de nuestros compromisos interiores.

Según la tradición chamánica, las cosas que tienen esta utilidad reciben el nombre de *objetos de poder*. Un objeto de poder, o lo que también podríamos llamar un *tótem*, es un objeto o símbolo sagrado con el que el chamán establece una relación que le permite acceder al poder de aquello que el objeto representa. Por sí mismo, el objeto no pasa de ser un objeto. Sin embargo, cuando el chamán le confiere su propósito o poder personal, establece una relación con él que puede ser empleada para reconcentrar o incrementar dicho poder personal.

Casi cualquier elemento de la naturaleza puede ser un objeto de poder, siempre que haga reverberar las energías del chamán. Lo principal es la relación establecida entre el chamán y el objeto, así como lo que el chamán cree sobre la naturaleza del propio objeto. Casi toda suerte de elementos naturales pueden ser objetos de poder: piedras, plumas, hierbas... Dado que lo más importante es tu conexión personal con ellos, me parece buena idea que tú mismo encuentres tus propios objetos de poder mientras paseas por la naturaleza.

Una vez más, en lo tocante a un objeto de poder, lo fundamental es la intención que depositas en él. La forma en que depositas dicha intención, el *cómo* lo haces, no es demasiado importante. Lo que de verdad importa es *qué* intención depositas en el mencionado objeto de poder. A este fin, un ritual puede ser adecuado para atribuir un propósito a un objeto de poder o para ayudarte a tener más que claro qué finalidad quieres otorgarle. Con vistas a tener clara cuál es tu intención, puedes ejecutar una pequeña ceremonia o ritual y meditar sobre tu objeto de poder hasta que veas que tu propósito fluye hacia él como un río de luz. Al final de este capítulo he incluido un ritual para la creación de un objeto de poder.

Animales totémicos

La milagrosa relación que mi padre aquel día estableció con las serpientes de cascabel es otra muestra de que la conexión del chamán con la naturaleza y los animales es muy profunda. Motivo por el que ningún libro sobre el chamanismo puede obviar uno de los aspectos más conocidos de la conexión entre el chamanismo, el mundo animal y el poder del ritual y la iniciación: los animales totémicos.

Como sin duda habrás advertido, las historias chamánicas con frecuencia incluyen animales cuya función es simbólica, lo que resulta de esperar en vista del respeto que el chamanismo siente por todos los habitantes de nuestro hermoso planeta.

En muchos sentidos, la mente animal es más clara que la mente humana, porque carece de la locuacidad narrativa y la adicción al sufrimiento propias de la mente de los humanos. Los animales han tomado conciencia y viven inmersos en el presente más absoluto, sin el *mitote* o el parásito, motivo por el que tienen acceso directo a la sabiduría silenciosa.

Por poner un ejemplo, tras el catastrófico tsunami que diezmó tantas vidas en Tailandia en 2004, la destrucción dejó muy pocos cadáveres de animales; decenas y decenas de testigos explicaron que los animales huyeron en tropel a zonas situadas a mayor altura mientras las aguas del mar se retiraban en anticipo de la ola descomunal. Desde hace largo tiempo, es sabido que los perros y los gatos notan que un terremoto está a punto de producirse y que se comportan de modo extraño en los días previos a un acontecimiento desastroso.

A diferencia de los humanos, que permiten que su mente pensante prevalezca por sobre de su intuición natural, los animales siguen disfrutando de la profunda sabiduría innata que está en la base de la conexión entre todas las cosas. La ciencia y la medicina occidentales así están empezando a reconocerlo, y hoy hay médicos que recurren al poderoso sentido del olfato de los perros para detectar determinados tipos de cáncer o reconocer si el nivel de azúcar en la sangre de un diabético es demasiado alto o demasiado bajo.

En mi propia tradición tolteca reconocemos que los animales simbolizan muchas fuerzas poderosas, fuerzas con las que todos podemos identificarnos. Si te digo que hay una serpiente en la habitación es casi seguro que sentirás miedo, dudas o aprensión. No importa si la serpiente es real o no, tal es el poder simbólico de este animal preciso.

En nuestra tradición, los tótems animales funcionan del mismo modo. Son símbolos que nos permiten encarnar el poder del animal en cuestión. Hasta se llega a considerar que los antiguos chamanes eran capaces de transformar sus cuerpos físicos en los de los animales con que entraban en conexión, en un proceso denominado cambio de forma. En todo caso, lo que a nosotros nos importa es la transformación simbólica, en lugar de la física.

Muchos chamanes toltecas escogen tres animales totémicos, seleccionados en distintos momentos de la vida. Dichos animales se convierten en los guías espirituales a los que pueden recurrir de forma puntual cuando se encuentran ante situaciones difíciles o acontecimientos dolorosos.

En mi propio caso, me he decantado por el murciélago, la serpiente de cascabel y el jaguar como mis animales espirituales. El murciélago se presentó cuando estaba aprendiendo a resituarme en el mundo después de que una enfermedad me hubiera provocado una ceguera temporal. Privado de la vista, tuve que aprender a interactuar con el mundo. Lo que me enseñó que también necesitaba circunvalar mi mente y seguir mi corazón y mi intuición; tal fue el regalo que me hizo el murciélago, al que sigo recurriendo cuando me siento perdido. El murciélago me ha proporcionado un medio para perfeccionar mi propia orientación interna mostrándome ciego al conocimiento exterior que pudiera distraerme o tentarme.

También soy la serpiente de cascabel. Las serpientes de cascabel de pocas semanas de edad son incapaces de controlar su ponzoña, y eso fue precisamente lo que a mí mismo me sucedió en relación con mi ponzoña emocional. Cuando me sentía irritado, mordía a todo quien se me acercara, fueran las que fueran sus intenciones reales, y liberaba toda mi toxicidad, sobre la que no ejercía control alguno. Pero con el tiempo maduré, como hace la propia serpiente de cascabel; tomé conciencia del veneno en mi interior y aprendí a mantenerlo bajo control. Ahora soy yo quien decide cuándo conviene liberar dicho veneno, a quién dirigirlo y en qué grado. Con independencia de mi elección precisa, he tomado conciencia y ejerzo el control sobre esa ponzoña y sobre la conveniencia de utilizarla o no.

Mi tercer animal totémico es el jaguar. El jaguar es el cazador siempre al acecho, el ser que vive el momento y actúa según el momento. El jaguar tiene un propósito firme, al igual que fuerza y poderío. Recurro al espíritu del jaguar cuando necesito pasar a la acción, cuando mis dudas y mis temores pueden mantenerme atrapado en la espesura de la selva. El jaguar es el rey de la selva, y cuando recurro a él estoy recordándome a mí mismo que también tengo propósitos firmes, que puedo crear lo que deseo si paso a la acción. Utilizo esta sensación de poder como ayuda que me empuja en la expresión de mis deseos.

Los miembros de mi familia también están vinculados a sus propios animales. Por ejemplo, para mí, mi hermano don Miguel Ruiz Jr. es un oso; es la personificación del oso porque siempre cuida de los que le rodean; siempre da un paso al frente y se interpone para protegerlos. Es un hombre de familia, y tal es el regalo del oso. Mi padre, don Miguel Ruiz Sr., es un gran felino, lo mismo que yo, y uno de sus tótems animales es el tigre. El tigre es parecido al jaguar: simboliza el poder, el propósito y la acción, y mi padre cierta vez soñó que sus ancestros procedían de Asia, y el tigre es la muestra de respeto a dicho origen ancestral.

Podemos trasladar los rasgos de nuestros animales totémicos a nuestro sueño personal para su empleo como herramientas en la creación de nuestras vidas. En un momento dado, podemos hacer gala de una visión estratégica comparable a la del águila, ser tan astutos como el zorro, tan invencibles como el jaguar. En parte, es la razón por la que los chamanes desde siempre han narrado relatos protagonizados por animales, porque tienen atributos que podemos usar como herramientas en la creación de nuestro propio sueño personal.

Ejercicios

Animales totémicos

Escribe en un papel los nombres de todos los animales que te vengan a la mente, así como las cualidades que tales animales representan. Además de los animales antes mencionados, voy a darte un par de ejemplos más para facilitar tu labor. Recuerda que estos ejemplos ilustran lo que tales animales representan para *mí*, pero lo fundamental es lo que los animales del listado representan para *ti*. Como he subrayado varias veces en este libro, el camino del chamán consiste en seguir tu propia verdad, y la tuya siempre va a ser distinta de la mía.

Animal	Cualidad
Perro	Lealtad, amigabilidad
Tortuga	Determinación, estabilidad
Gato	Independencia, cálculo
Águila	Estrategia, liderazgo
Murciélago	Conciencia, mirada de larga distancia
Jaguar	Poder del propósito, acción
Oso	Protector, defensor, sostén familiar
Tigre	Intensidad en la acción, propósito
Serpiente	Astucia, poderío emocional

Una vez que hayas efectuado tu listado, reflexiona sobre cada animal y sus rasgos distintivos y escoge tres cuyos atributos en este momento percibas con gran claridad o quieras cultivar en tu propio interior. Pueden ser animales más o menos cercanos o propios de otras culturas que conoces bien o a las que se remontan tus orígenes.

Empieza por recurrir a tus animales totémicos cuando necesites de sus poderes en uno u otro momento del día. Después de un mes o dos de recurrir a tu tótem animal con regularidad, vuelve a examinar el listado y anota aquellas cualidades adicionales que hayas descubierto durante este período de trabajo con tu animal totémico.

Objetos de poder

Por lo general, los objetos de poder son de origen natural, por lo que, a la hora de encontrarlos, recomiendo que salgas a dar un paseo por el bosque, por el campo o por otros parajes naturales. De ser posible, aprovecha para meditar mientras caminas. Reconecta con la naturaleza, tal como se sugiere en el capítulo anterior con el fin de reforzar tu conciencia.

Cuando te sientas atraído por un objeto cercano —o «si te sientes atraído», pues es posible que no suceda la primera vez que camines por entre la naturaleza, o que no suceda todas las veces que lo hagas—, detente y recógelo. Puede tratarse de una piedra, de un palo, de una bellota, de cualquier otro regalo de la naturaleza. Una vez que hayas seleccionado un objeto, prueba a sintonizar su energía. ¿El objeto que tienes en la mano hace que te sientas a gusto? ¿Te sientes vinculado a él de una u otra forma?

A continuación deja el objeto en el suelo y aléjate unos pasos. Si al alejarte sigues sintiéndote atraído por él, regresa y recógelo de nuevo. Si no es el caso, sencillamente, continúa buscando.

Tras volver a casa, encuentra un lugar tranquilo en el que puedas estar a solas unos cuantos minutos y piensa en el propósito exacto que quieres conferir a tu objeto de poder. ¿Se trata de un objeto que vaya a ayudarte a concentrar tu conciencia? ¿Tu imaginación y creatividad? ¿Tu sabiduría interior? Sin dejar de pensar en tu propósito, cierra los ojos y visualiza cómo tu propósito fluye de tu cuerpo al objeto de poder. Imagina que tu propósito se aferra al objeto con firmeza, como las raíces a la tierra fértil. Termina la visualización expresando tu gratitud a la naturaleza por haberte proporcionado el objeto de poder que te ayudará a concentrarte en tu propósito. Ahora puedes llevar el objeto contigo, o pensar en él, cada vez que necesites recurrir al poder que le has otorgado.

6

LA GRUTA DEL DIABLO

La aceptación de la Sombra del Yo

Uno de los principales objetivos del chamanismo es el de refutar la tan extendida idea de que somos imperfectos, de que no estamos a la altura necesaria. El relato de la Gruta del Diablo muestra que dicha idea está muy profundamente enquistada en la psique humana.

Una noche, un joven tolteca soñó que estaba caminando por el desierto un caluroso día del verano. Los rayos del sol se cernían sobre él cuando divisó una hilera de muchachos de pie ante la boca amenazadora de una negra gruta. Estaban a la espera de pasar al interior. Al acercarse reparó en que no podía ver sus rostros con claridad; los veía borrosos, oscuros. A la vez, la energía que transmitían denotaba miedo y remordimiento.

Al advertirlo, el chico levantó la mirada hacia el sol, que reconocía como la fuente de toda la vida, y tuvo claro qué era lo que tenía que hacer. «Quiero que todos estos muchachos sean libres de ir al sol. Voy a entrar en la gruta en su lugar.» Echó a correr hacia la fila, y los demás retrocedieron para dejarle paso.

Entró en la caverna, que estaba muy oscura, y de pronto oyó un sinfín de débiles voces; cada una de ellas estaba narrando un relato diferente. Con independencia de hacia qué voz se girase, todas relataban historias de sufrimiento, y cada una de estas historias le resultaba un tanto familiar. Se abrió paso en la oscuridad, y las voces sonaban cada vez más altas. Finalmente, el chico se tapó los oídos con las manos, cayó de rodillas y gritó:

«¡Ya está bien de todo este ruido! ¿Quién manda en este lugar? ¡Quiero hablar contigo ahora mismo!»

En la gruta reinó un silencio repentino. El muchacho abrió los ojos y se encontró ante un ser de aspecto diabólico, con largo pelo negro, unos ojos negros que parecían de obsidiana, la piel rojiza y cuernos en la cabeza. El recién aparecido tronó con voz tonante:

«¿Cómo te atreves? ¿Cómo te atreves a arrebatarme las almas de las que me alimento y de llevarlas al sol? ¡Esas almas me pertenecen!»

El joven estaba muy asustado, pero se las arregló para contestar:

«¡Nada de eso! ¡Pertenecen al sol, a la luz! ¡No son tuyas!»

El demonio, al punto, rompió a reír con desdén.

«¿Y tú quién eres? —dijo—. ¡Eres débil! ¡No eres rival para mí!»

El demonio dio un paso hacia él y lo agarró por el cuello, atrayéndolo hacia su cuerpo. Levantó la mano libre para asestarle un golpe, pero el muchacho supo lo que tenía que hacer. Se acercó aún más y empezó a abrazar al demonio. Lo abrazó con fuerza y dijo, con todo el amor de su corazón:

«Te perdono».

Casi todas las culturas del mundo cuentan con un mito de la creación que incluye la idea de que los seres humanos son fundamentalmente imperfectos. En la mayoría de los casos, dicha imperfección tiene que ver con algo sucedido antes de nuestro nacimiento. Encontramos esta idea en las religiones abrahámicas, en las que el pecado original del ser humano se remonta a la expulsión de Adán y Eva del Jardín del Edén. En el hinduísmo y el budismo se dan los conceptos del karma y la reencarnación, por los que pagamos los pecados de nuestras previas existencias a lo largo de nuestra vida actual. Esta idea también aparece en la tradición tolteca, en la historia de Quetzalcoatl que antes examinamos.

Incluso el actual mito sobre el origen de los seres humanos, lo que la ciencia denomina como «teoría del *big bang*», encierra un sutil apunte sobre la imperfección humana. En el mito del *big bang*, la poderosa fuerza vital que reside en el interior de cada uno de nosotros, el *nagual*, vendría a ser el resultado de un «accidente» cósmico.

Resulta imposible determinar con exactitud en qué momento se implantó en la conciencia humana la idea de que somos «imperfectos», pero para mí se trata de otra manifestación de la adicción de la mente al sufrimiento. En otras palabras, cada vez que piensas que eres indigno, imperfecto, que no estás a la debida altura en general, queda claro que en ese momento estás sufriendo.

En la tradición tolteca contamos con un antídoto radical contra la noción de que resultas imperfecto: decimos que eres perfecto tal y como eres en este momento. Se trata de una idea que en principio es difícil de aceptar, en gran parte porque has sido domesticado a conciencia para pensar lo contrario. Por poner un ejemplo, si te digo que «todo cuanto Dios hace es perfecto», seguramente asentirás con la cabeza, pero —de un modo u otro— sigues considerando que esto no es de aplicación para tu persona.

La creencia en nuestra poquedad se manifiesta de muchas formas, como sucede cuando te reprochas haber cometido un simple error, o cuando te niegas a perdonarte un comportamiento del pasado, o cuando no sigues lo que el corazón está indicándote porque te dices que no estás a la altura. Lo cierto es que muchas personas nos hemos maltratado hasta un grado que no nos atreveríamos a aplicar a otros.

A fin de ver la belleza de nuestra perfección, muchas veces tenemos que rememorar esos dolorosos episodios del pasado con un espíritu de amor y de perdón, contemplarlos de forma nueva y desprendernos de la ponzoña emocional que continuamos llevando con nosotros. Así es como podemos recuperar nuestro poder y empezar a vernos como seres perfectos.

Hasta que no te perdones tus acciones del pasado, seguirás estando aherrojado en la caverna de tu mente, donde la voz del *mitote* siempre hará lo posible por abrumarte de vergüenza y remordimientos. Como dice mi padre, la justicia consiste en pagar algo una vez, pero los seres humanos una y otra vez estamos pagando la misma cosa o, lo que es lo mismo, reviviendo una y otra vez los mismos recuerdos dolorosos.

Cada vez que recurres al recuerdo de tus antiguas acciones (o inacciones) con la finalidad de hacerte daño, estás alimentando al demonio que habita en tu interior; estás sacrificándote para darle ese gusto al demonio, en lugar de ocupar el lugar en el sol que te corresponde. En el relato, la forma de actuar del muchacho es particularmente reveladora, porque escoge amar al demonio o, dicho de otra forma, a las partes de su persona que en su momento le llevaban a sentirse culpable y avergonzado.

Tan solo tú puedes liberarte del demonio que está en la gruta. Cuando amas al demonio en tu interior —esto es, la voz que hace lo posible por empequeñecerte—, aprendes a quererte a ti mismo, y a librarte de su influencia perniciosa. El demonio es la voz de tu parásito, y cuando te quieres y te perdonas por completo, lo que haces es transformar al parásito en un *aliado*.

En la tradición tolteca, el aliado es otro símbolo poderoso, pues representa la voz de la sabiduría en tu mente. El aliado te ve y contempla tus comportamientos del ayer a través del filtro del amor, y es la voz que te brinda ánimos en vez de reprimendas y castigos. El aliado alcanza todo su poder cuando derrotas al parásito, cuando eres capaz de volver la mirada atrás y contemplar tus antiguos errores con amor, sabedor de que en aquel entonces estabas haciendo las cosas lo mejor que sabías.

El aliado reconoce que el parásito y el *mitote* forman parte de la adicción de la mente al sufrimiento y hace lo posible por guiarte con delicadeza por el camino de regreso a tu plenitud, recordándote que eres el *nagual*.

La comprensión de tu sombra

Llegado el momento de comprender y perdonarnos por nuestras acciones del pasado, muchas veces necesitamos contemplar en profundidad aquello que denominamos nuestra «sombra».

Muchas personas y tradiciones han hecho referencia a la faceta en sombra de nuestras personalidades (en particular el famoso psicoanalista del siglo veinte Carl Jung). No obstante, doy a la palabra *sombra* un significado algo distinto al empleado por otros.

Cada vez que menospreciamos ciertos rasgos o características de nuestra persona porque no nos gustan, o porque no queremos reconocer que están presentes en nuestro interior, lo que hacemos es relegar esta faceta de nosotros a nuestra sombra. Como puedes suponer, si no somos conscientes de tales rasgos ni los investigamos permanecen escondidos en nuestra sombra durante demasiado tiempo.

Por ejemplo, cuando reaccionas emocionalmente con rabia y hasta con violencia, o cuando dices o haces algo que te parece que no termina de encajar con tu personalidad, lo que sucede es que tu yo en la sombra de pronto está haciéndose presente. Otros ejemplos incluyen aquellas cosas que nos decimos conscientemente que no tendríamos que hacer, pero que sin embargo hacemos de vez en cuando.

Con frecuencia, tu sombra sale a relucir cuando te fijas en un rasgo de otro que te molesta profundamente; puede ser la arrogancia, la grosería, etcétera. Lo que quizá no adviertes es que te fijas tanto en ese rasgo preciso del otro porque tú mismo compartes dicha característica, cosa que no te gusta. Es lo que queremos decir con la expresión: «Mi espejo son los otros».

Nuestro yo en la sombra puede aparecer con mayor facilidad al consumir sustancias que alteran el estado de ánimo, como el alcohol y determinadas drogas. Por ejemplo, sin duda te suena la expresión «tiene mal beber», en referencia a la persona cuyos comportamientos empeoran tras el consumo de alcohol. En muchos casos, lo que en realidad sucede es que hay ciertas emociones y hábitos que permanecen reprimidos, que no han sido investigados, y el alcohol reduce la capacidad del individuo para mantener estas emociones y estos hábitos escondidos en las sombras.

Hace poco, una amiga me confesó que había estado engañando a su marido. Abrumada por el remordimiento y la sensación de culpabilidad, no cesaba de decirme:

«Tienes que entender una cosa: yo no soy de esas personas que engañan a su pareja».

Le respondí con sencillez:

«Excepto cuando lo haces».

Se quedó anonadada al oírlo, pero mi intención no era castigarla o hacer que se sintiera todavía más culpable, sino abrirle los ojos y conseguir que viera esa faceta suya que insistía en denegar.

«En lugar de negar esta parte de tu persona —le dije—, descubre por qué lo hiciste.»

Lo que quiero decir es que cuando tu manera de comportarte es opuesta a los principios que dices profesar, vale la pena reconocer que forman parte de tu sombra y que hay que examinarlos de forma directa, en profundidad, y preguntarte cosas como: ¿cómo es que hice tal cosa o reaccioné de tal modo? ¿Qué me empujó a hacerlo? ¿Qué hay en mi interior que necesito sacar a la luz y sanar? ¿Estoy haciendo honor a mi propia verdad personal o más bien trato de acomodarme a los planteamientos de otros?

La alternativa a un examen de este tipo consiste en volver a esconder los comportamientos o ansias de este tipo en lo más profundo de nuestro ser, pero, dado que el mero hecho de esconder algo implica que ese algo nos da miedo o nos avergüenza, lo único que logramos es acentuar nuestro sufrimiento. Al sacar estas cosas a relucir, podrás ver con mayor claridad los posibles motivos o deseos, y aceptarlos tal como son. Al examinarlos bajo la luz, puedes dirigir algo de amor incondicional hacia tu persona, más específicamente hacia aquellas facetas de tu persona que hasta ahora has estado tratando de negar u ocultar. Para ser claros, la aceptación de que un deseo o un comportamiento está presente no significa que nos parezca bien o que vayamos a dejarnos llevar por él, sino que queremos entender este aspecto de nosotros en lugar de salir corriendo despavoridos y fingir que no existe en absoluto.

Al examinar estas cosas que has arrumbado en tu sombra, a veces descubres que necesitas cambiar en algo para seguir tu propia verdad. Con esto quiero decir que las creencias o tendencias que estás escondiendo en tu sombra quizá son muestras más fidedignas de lo que realmente quieres ser que aquellos aspectos que permites que afloren a la superficie. Si es el caso, queda claro que ha llegado el momento de modificar tus acuerdos establecidos contigo mismo y con otras personas en tu vida.

Conozco a una persona que estuvo reprimiendo su identidad de género durante años. Crecido en el seno de una familia que consideraba que cualquier cambio en este sentido constituía un pecado mortal, en la niñez empezó a ocultar sus propios deseos en lo más profundo del inconsciente, negando su existencia ante sí mismo.

Desde pequeño le habían estado domesticando para inculcarle que los pensamientos y los comportamientos «fuera de lo normal» eran una perversión, por lo que, llegado a la adolescencia, empezó a autodomesticarse en este mismo sentido. Para los que no estáis familiarizados con el término, la *autodomesticación* tiene lugar cuando asumes las creencias de otros y te castigas y coaccionas a fin de seguirlas, por mucho que estén en las antípodas de tu propia verdad personal. En el caso de la autodomesticación, ya no hace falta un domador que rija tu vida, pues tú mismo has asumido dicho papel.

Finalmente, tras mirar en lo más profundo de su ser, reconoció su verdad personal y sintió que se había quitado un enorme peso de encima. La pugna interna, el intento de ser lo que no era, se esfumó de un plumazo.

Una circunstancia positiva: la sombra no tan solo incluye los rasgos negativos que detectas en otros individuos. El otro también puede ser un espejo de tus propias características positivas. Por poner un ejemplo, si reparas en que una persona es amable y compasiva, es muestra de que tú también albergas estas cualidades.

Sin embargo, es posible que elimines tales cualidades por medio de la comparación y la sensación de inferioridad, diciéndote cosas como «No soy tan buena persona como ella». Es el parásito quien te habla, sin dejar que veas la bondad que hay en tu interior y facilitando que dicha bondad termine por ser arrinconada en la sombra.

En cualquier caso, al examinar de modo pormenorizado las razones de tu comportamiento, en lugar de denegarlas, puedes llegar a liberarte de la brusca aparición de reacciones inconscientes. En el momento de analizar todas aquellas cosas previamente almacenadas en tu sombra, recuerda la necesidad de tratarte a ti mismo con amor y con perdón. La autoflagelación solo servirá para mantenerte atrapado en la adicción al sufrimiento; paralizado por esta trampa, te será muy difícil aprender sobre tu persona y tus motivos. A medida que vayas cobrando conciencia de las características de tu sombra que te llevan a sufrir, advertirás que es muy posible convertir estos elementos negativos en positivos. Por ejemplo, si tienes tendencia a explotar de rabia, una vez que te hayas dado cuenta de dicho rasgo, puedes transformar esta energía y hablar con claridad, sin medias tintas, cada vez que tengas la impresión de que otra persona está tratando de domesticarte. La energía es la misma en ambas situaciones, pero cuando la canalizas del modo adecuado, puedes transformar tu antigua reacción inconsciente en una novedosa respuesta empoderada.

Ejercicios

Eres perfecto
Propongo que, durante los próximos treinta días, te mires al espejo cada mañana y repitas lo siguiente:

«Soy perfecto tal y como soy. Tengo todo cuanto
necesito. No me hace falta nada».

Al pronunciar estas palabras en voz alta, es posible que al principio te suenen vacías, pero lo fundamental es seguir pronunciándolas mientras te miras a los ojos con insistencia. Pronto comenzarás a notar una conexión contigo mismo, y esta conexión te ayudará a darte cuenta de la verdad y el poderío que encierran dichas palabras.

Detecta tu sombra

A casi todas las personas nos resulta fácil descubrir las cosas que nos gustan o no nos gustan de otros; nos es más difícil detectar ubicar tales rasgos en nosotros mismos. A fin de encontrar los lugares en que has estado escondiendo tus propios rasgos en tu sombra, piensa en alguien que tenga características que no te gustan o con las que estás en desacuerdo, y anota esas características en un papel. Tómate unos minutos para reflexionar sobre cada uno de estos aspectos. ¿Puedes verlos en tu propio interior, en mayor o menor grado? Recuerda que los otros son el espejo de lo que eres; lo que ves en ellos también es lo que se encuentra en tu interior.

Tu yo en la sombra no tan solo oculta las facetas negativas, sino también las cualidades positivas que, por la razón que sea, tienes miedo de compartir con el mundo. En este sentido, piensa en alguien cuyas cualidades admires. Escríbelas en un papel y reflexiona sobre estos aspectos encomiables. Determina cuáles de ellos forman parte de tu propia persona.

Cómo perdonarte a ti mismo mediante la Relación y la Recapitulación Toltecas

En un ejercicio previo recurrimos a la Relación y la Recapitulación Toltecas para perdonar a otros; ha llegado el momento de utilizar estas herramientas tan eficaces para perdonarnos a nosotros mismos.

Esta vez, en lugar de pensar en la experiencia más traumática que te ha pasado *a ti*, quiero que pienses en el episodio más traumático que hayas podido causar en tu relación con otros... o que hayas podido causarte a ti mismo. Quizá cierta vez traicionaste a alguien que confiaba en ti o heriste a un amigo o familiar de una u otra manera. Es posible que negaras la verdad de quien eres en realidad y permitieras que la autodomesticación te llevara a odiarte a ti mismo en razón de tu verdad personal. Escoge la experiencia que el parásito saca a relucir con mayor frecuencia como ejemplo de su indignidad.

El segundo paso es el mismo. Es preciso que redactes una crónica detallada de aquel acontecimiento o situación. Escribe qué sucedió, cómo te sentiste, quién se vio afectado, todo cuanto recuerdes sobre lo sucedido. Cuanto más profundices, mayores energías lograrás restaurar.

Una vez que hayas escrito tu crónica de la situación, es cuestión de pasar al proceso de recapitulación. Con esta finalidad, encuentra un lugar tranquilo en el que puedas sentarte o tumbarte sin que nadie te moleste durante bastantes minutos. A continuación repite el anterior ejercicio de respiración vinculado a la recapitulación; la única diferencia es que ahora vas a estar concentrándote en el acontecimiento del que te consideras culpable.

Al rememorar y pensar en lo que pasó, inspira a fin de llevar a tu interior las energías depositadas en dicho recuerdo. Estas energías están presentes en el recuerdo cada vez que piensas en lo sucedido, te maldices por ello o dejas que controle o condicione tu vida de una forma u otra. Llévalas a tu interior al inspirar.

Sin dejar de pensar en este evento del pasado, espira. Al hacerlo, expulsa la negatividad vinculada a este acontecimiento que has estado guardando dentro de ti. Al expulsar la negatividad, estarás en disposición de considerar dicho acontecimiento bajo el prisma de la verdad, y no a través de tu angustiada percepción.

Repite la inspiración y la espiración mientras sigues pensando en este evento o situación hasta que tengas la sensación de que has recuperado toda tu energía y expulsado toda la negatividad. Si no llegas a un punto de neutralidad emocional en esta sesión precisa, tampoco pasa nada. Sencillamente, vuelve a ejecutar el proceso de relación y recapitulación tantas veces como necesites hasta que consigas recobrar todas tus energías y liberarte de toda la negatividad generada por el acontecimiento en cuestión.

7

DIVINIDAD Y DISCERNIMIENTO

Las lecciones de la Madre Sarita

Mi abuela, la Madre Sarita, no tan solo fue una poderosa chamana; también era una narradora fantástica. Cuando mis hermanos y yo éramos pequeños, compartió con nosotros el relato que sigue, para que aprendiéramos a ver la divinidad que hay en toda persona.

Hace largo tiempo, en el país que hoy conocemos como México, un hombre iba caminando por la montaña recogiendo hermosas flores para vender cuando, de pronto, una gran fuerza luminosa apareció ante sus ojos. De inmediato comprendió que aquella fuerza era Dios y, como para confirmar su impresión, una voz surgió de la esfera y dijo:

«Hijo mío, este atardecer voy a visitarte en tu hogar».

Nuestro hombre era un hombre pío, por lo que su corazón se llenó de júbilo.

«Por supuesto —respondió—. ¡Estaré esperándote!»

Recogió las flores y se marchó a casa para preparar la mejor de las cenas y el cuarto de los invitados en previsión de la visita de Dios a su morada.

Pasaron las horas, y Dios aún no se había presentado. El hombre comenzó a inquietarse por la posibilidad de que Dios hubiera cambiado de idea... pero un puño, de pronto, llamó a la puerta.

Entusiasmado, el hombre corrió a abrir la puerta, pero al hacerlo se encontró a una anciana encorvada sobre su bastón. La recién llegada dijo:

«Hola, buen señor, he estado viajando desde muy lejos y me siento muy fatigada. ¿Quizá tenga una cama para mí? Me iré nada más levantarme por la mañana».

A lo que el hombre contestó:

«Bueno, sí que tengo una cama, pero estoy esperando la llegada de alguien importante; lo siento, pero ahora mismo no puedo ayudarla».

La anciana mujer se marchó, decepcionada.

Un poco más tarde volvieron a llamar a la puerta. Ilusionado, el hombre se dijo que Dios por fin había llegado. Pero, al abrir, se encontró con un mendigo con aspecto de estar exhausto y vencido por el hambre.

«Tengo mucha hambre. ¿Podría darme algo de comer, por favor? —pidió el mendigo.»

«No —respondió el hombre—. Hoy no puedo ayudarlo. Sí que tengo comida, pero estoy esperando a un invitado.»

El mendigo se fue, decepcionado.

Nuestro hombre cerró la puerta y volvió a preguntarse dónde estaba Dios, cómo era que no venía. Unos minutos después volvieron a llamar a la puerta. El hombre la abrió con vacilación, esperando que esta vez se tratase de Dios. Pero, una vez más, no era Dios quien había llamado. En esta ocasión se trataba de un grupo de niños.

«Buenas noches, señor, sabemos que usted vende flores y hemos pensado hacer un bonito ornamento floral para decorar

la plaza del pueblo. Lo sentimos, pero no tenemos dinero con que pagárselas.»

El hombre contempló la mesa preparada para la cena, decorada con un vistoso ramo de flores en su centro.

«No puedo darles estas flores. Buenas noches», dijo, y cerró la puerta.

Continuó a la espera, hasta que finalmente se quedó dormido. Al despertar a la mañana siguiente, se sintió irritado por el hecho de que Dios le hubiera mentido y no se hubiera presentado en absoluto. Una semana más tarde, cuando volvió a la montaña para recoger nuevas flores, la fuerza luminosa reapareció. El hombre exclamó:

«¡Dios! Estuve esperándote… ¿Cómo es que no viniste?»

Y Dios dijo:

«¡Sí que vine! Vine en forma de anciana necesitada de descanso, y me echaste. Vine en forma de hombre necesitado de alimento, y me echaste. Vine en forma de unos niños deseosos de crear una obra de arte, y me echaste. Estuve allí, pero no me reconociste».

Muchos de vosotros reconoceréis que este relato es parecido a uno de la tradición cristiana. La mitología griega también incluye una historia que expresa la misma idea, como sucede en tantas otras tradiciones espirituales del mundo.

No sé si mi abuela conocía alguno de estos relatos similares, pero sé que tenía clara una cosa: Dios, el Gran Espíritu, el *nagual*, o como queramos describir lo divino, reside *en todos nosotros*.

«Si quieren ver a Dios —solía decir—, les bastará con mirar a los ojos de la próxima persona con la que hablen.»

Suele resultarnos fácil percibir la divinidad en nuestros seres queridos: amigos, padres, hijos, pareja, etcétera. Sin embargo, uno de los principios fundamentales del chamanismo es que lo divino existe en cada uno de nosotros: en absolutamente todas las personas, sin excepción.

Hace falta ser un maestro para percibir la divinidad inscrita en un asesino, comprender que la persona que hace daño a otros es el producto de la divinidad apresada por la agonía del odio a la propia persona y las creencias fanáticas, sin contentarse con tachar al individuo de «malvado» o «monstruoso».

Pero los demás también podemos empezar a atisbar lo divino en aquellas personas que no nos gustan, con las que estamos en desacuerdo o con las que tenemos un conflicto. Estoy convencido de que todos aquellos a quienes conocemos están presentes en nuestra existencia por una razón precisa. Lo que significa que, o bien tienen algo que enseñarnos, o bien cuentan con un mensaje que nos es preciso escuchar. Nuestra labor consiste en abrir nuestros corazones y mentes para escucharlos y comprenderlos, lo que puede resultar particularmente difícil cuando se trata de individuos que nos disgustan.

A mayor escala, en el Sueño del Planeta hoy hay gran división entre las personas. Vemos esta división en el plano político, económico y religioso, por nombrar unas cuantas áreas. En lugar de llegar a acuerdos fundamentados en el amor y el respeto, los bandos rivales con frecuencia están empeñados en domesticar a sus contrarios para imponerles sus propios puntos de vista. Algunos de estos antagonismos han dado lugar a conflictos verbalmente ofensivos o directamente violentos, pero, a mi modo de ver, todos tienen algo en común: son el producto de la adicción de la mente al sufrimiento.

Nada podemos hacer para modificar el sueño de los demás, pero sí que podemos hacer algo con nuestro propio sueño. Razón por la que te invito a mirar en tu interior para ver si haces honor a la divinidad existente en cada uno, incluyendo a aquellos con los que no estás de acuerdo. Por ejemplo, ¿cómo tratas a las personas que no comparten tus creencias políticas o espirituales, u otros puntos de vista que te resultan importantes? ¿Tratas de subyugarlos e imponerles tu propia perspectiva? ¿Haces lo posible por domesticarlos e inculcarles tus opiniones? Al tratar de domesticar a otros, nutrimos nuestra propia adicción al sufrimiento.

Una práctica encaminada a dar marcha atrás en tu interior consiste en concentrarte de forma consciente en la divinidad del ser humano que tienes ante tus ojos, en respetar sus elecciones y puntos de vista, en tratarlo con amor.

Lo que no implica que tengamos que estar de acuerdo con todo el mundo; según las circunstancias, puedes brindar tu amor de un modo sin contemplaciones, como sucede cuando respondes con un «no» rotundo a una petición que va en contra de tu verdad personal. Pero, como siempre sucede en las interacciones humanas, lo fundamental son las intenciones.

La contemplación de todos los demás con los ojos del amor no significa que vayas a convertirte en una especie de felpudo que todos puedan pisar. La Madre Sarita acostumbraba contarnos otro relato que dejaba muy claro este punto:

Hace mucho tiempo, había dos familias que eran vecinas. Siempre se habían tratado con cordialidad. Los miembros de ambas familias eran campesinos cuyo sustento era lo que cosechaban, pero, un año, un incendio destruyó la cosecha de una de las familias.

El padre fue a ver a su vecino, que tan bien conocía, y le preguntó:

«¿Sería posible que me dieras parte de tu cosecha para alimentar a mi familia? ¿Y podrías darme también algunas semillas para sembrarlas el año que viene?»

El vecino respondió:

«Por supuesto. Mi granero tiene las puertas abiertas. Coge cuanto necesites para tu familia».

Ese invierno cogió todo lo necesario para dar de comer a su familia, así como las semillas indicadas para plantar una nueva cosecha. Un año después, los campos de la familia se habían recuperado del incendio por completo y recolectaron la mayor cosecha de todos los tiempos. De hecho, la cosecha fue tan enorme que el padre comenzó a vender el remanente el mercado. Entusiasmado, terminó por vender tanto que al final quedaba muy poco para su propia familia. Sin embargo, como las puertas del granero del vecino seguían estando abiertas, de nuevo volvió a coger de lo cosechado por el vecino.

Las cosas continuaron así durante largo tiempo, y el campesino siguió teniendo acceso al granero abierto del vecino para dar de comer a su familia. Hasta que, un día, fue al granero otra vez y se encontró con que las puertas estaban cerradas con un candado. Fue a la casa del vecino, llamó y preguntó:

«¿Qué ha pasado? ¿Cómo es que has cerrado el granero?»

Y el vecino contestó:

«No he sido yo quien lo he cerrado. Tú mismo lo has hecho, al aprovecharte de mi generosidad».

Con este relato y con el anterior, el propósito de mi abuelita era enseñarnos la importancia del equilibrio en las relaciones personales, del establecimiento de límites claros. Lo que significa decirle a alguien que no al mismo tiempo que respetas la divinidad alojada en su interior. De este modo puedes brindar a otra persona todo el amor en tu corazón, pero sin dejar que el otro se aproveche de ti, si tal es su intención.

A veces es necesario decir que «no» a otros, y el hecho de hacerlo es una muestra de amor y respeto hacia nosotros mismos. Responder que «sí» cuando en realidad quieres decir «no» es faltarte el respeto a ti mismo, y tan solo sirve para acrecentar tu sufrimiento en el futuro.

Como mi padre suele decir, eres la persona con quien vas a tener que vivir toda la vida, motivo por el que tienes que quererte y respetarte, antes que a ningún otro. El establecimiento de límites saludables sirve para conseguir este objetivo. Cada habitante de este hermoso planeta crea su propio sueño, y respetas a todos lo suficiente para dejar que tomen sus propias decisiones. Todas las decisiones tienen consecuencias, y muchas veces aprendemos gracias a estas consecuencias precisas.

En la tradición tolteca solemos hablar de los peligros inherentes a los juicios de valor, pero quiero hacer una importante distinción entre el *juicio de valor* y el *discernimiento*. Cuando juzgamos a otra persona o nos juzgamos a nosotros mismos, estamos recurriendo a ideas sobre lo correcto y lo incorrecto, sobre la moralidad y la inmoralidad, sobre lo que está bien y lo que está mal.

El discernimiento es otra cosa. A la hora de relacionarnos con los demás, el discernimiento es una herramienta crucial. Pertrechados con el discernimiento, sencillamente, tomamos nota de los hechos y tomamos una decisión basándonos en tales hechos y en nada más; la moralidad aquí no pinta nada.

Por ejemplo, en la historia de los dos vecinos, el vecino que dejó abiertas las puertas de su granero para el otro bien hubiera podido decir:

«Eres un mal vecino. Me resulta increíble que pudieras aprovecharte así de mi generosidad. Me has estado engañando, no tendrías que haberlo hecho, más vale que te disculpes y no vuelvas a hacer este tipo de cosas».

Como puedes ver, este tipo de lenguaje es insultante y destila veneno emocional, y hasta plantea al otro vecino lo que este «debe» o «no debe» hacer.

Pero, en el relato, este vecino se limita a cerrar el granero con candado, y cuando el otro le pregunta al respecto, contesta con sinceridad y explica la razón. Ha tomado una decisión basándose en los hechos, sin efectuar juicios de valor ni tratando de imponer alguna cosa. El recurso al discernimiento le lleva a respetar al vecino y a respetarse a sí mismo.

Es justo lo que mi abuela quería resaltar al narrarnos estas historias. Como subrayaba, hay divinidad en cada uno de nosotros. Y a continuación agregaba:

«Y esto vale también para ustedes, así que sean sinceros consigo mismos y con todos los demás».

El mito de la importancia personal

Salta a la vista que muchas veces pasamos por alto la divinidad de quienes están en desacuerdo con nosotros, pero otro tanto suele suceder con las personas en las que no nos fijamos demasiado. El Sueño del Planeta fomenta la idea de que unas personas son más importantes que otras, en razón de su fama, situación económica, poder, etcétera. La tradición chamánica de mi familia no puede estar más alejada de esta idea. Porque todos somos iguales, valiosos, divinos.

Al escuchar esta última frase, es fácil asentir con la cabeza de modo automático, pero muchos caemos en la trampa de la «importancia personal» de formas casi imperceptibles. ¿Te sentirías nervioso si tu famoso preferido de pronto entrara en la habitación y se sentara a tu lado? De forma sutil, lo que estarías haciendo sería elevarlo a una posición de importancia…, pero en realidad no pasa de ser tu igual.

Esto también funciona al revés. Por poner un ejemplo, ¿a veces ignoras a otros? ¿Los contemplas en función del papel que desempeñan, olvidándote de su propia divinidad? Vale la pena pensar en lo que sientes o cómo interactúas con el funcionario que hace su labor poco reconocida, o con la cajera que te atiende en el supermercado, el televendedor al otro lado de la línea o con la mujer que limpia los cuartos de baño en el aeropuerto. ¿Algunas veces te sientes superior a ellos? Si es el caso, estás siendo víctima de un mito.

Cada interacción humana es sagrada. Cuando reducimos a otras personas con que nos encontramos al papel que desempeñan en nuestra mente, estamos olvidándonos de esta condición sagrada. Cuando nos tomamos nuestro tiempo y vivimos en el ahora, compartimos un vínculo con toda persona con que entramos en contacto.

Tengo un amigo que se interesa por todo el mundo, y el resultado es que todos sus conocidos parecen considerarlo su mejor amigo. He estado observándole y me he fijado en que siempre está haciendo preguntas sobre la vida de los demás y que tiene verdadero interés por conocer las respuestas. Cuando te pregunta «¿Cómo estás?», no se limita a mostrarse cortés; quiere saber tu respuesta sincera, y lo hace con todo el mundo.

En mis talleres, a veces me gusta preguntar: «¿Quién es la persona más importante en el mundo?» Las respuestas varían y cubren un amplio repertorio: mi madre, mi hijo, mi pareja, mi mejor amigo, yo misma. Sin embargo, en mi opinión, la persona más importante en el mundo es aquella con la que te encuentras en el momento preciso. ¿Estás sentado en el trabajo, reunido con un colega profesional? En tal caso, este colega ahora mismo es la persona más importante de todas. ¿Te encuentras en un cine lleno de gente? Estas personas son las más importantes de todas, al igual que las que te han acompañado a la sala, aquellas con las que ahora mismo estás.

Lo divino reside en el ahora. La divinidad no habita ni el pasado ni el futuro. Motivo por el que es importante honrar y escuchar a quienes tienes enfrente, incluso si estás en desacuerdo con ellos, tienes un conflicto con ellos o a primera vista te parecen poco importantes. También son seres divinos, y la forma en que trates a la divinidad en su interior será la forma en que trates a la divinidad en tu propio interior.

Ejercicios

Aprende a reconocer la divinidad en cada persona

Mientras sigues con tu vida cotidiana, prueba a poner en práctica uno o dos de estos ejercicios al día, para recordarte que hay divinidad en todos quienes te rodean y que en toda interacción se da algo sagrado. Fíjate en cómo te sientes después de llevar a cabo estas prácticas. También puedes desarrollar tus propios ejercicios a medida que te vaya resultando más fácil visualizar lo divino que hay en cada uno de nosotros.

- Di en silencio «Veo el *nagual* en tu interior» cada vez que hoy te cruces con una persona.
- Sonríe a un desconocido.
- Di gracias a cada persona que te haga entrega de algo, desde una tarjeta de visita hasta una bolsa con la cena en el restaurante de comida rápida. Haz una pausa y míralos a los ojos al decirlo.
- Deja una nota dando ánimos a una amiga, expresando tu gratitud por la luz que su vida irradia en el mundo. En ciertos casos, también puedes hacerlo con desconocidos.
- Haz algo bonito por alguien con quien tienes discrepancias, sin decírselo a esta persona ni a nadie más.

Escucha

Mi padre siempre dice que, si escuchas, los demás te dirán cómo están soñando. Cuando sabes cómo están soñando, entonces también sabes cuál es el mejor modo de ayudarlos.

En el mundo de hoy tienen lugar numerosas conversaciones en las que las personas no escuchan. Si te fijas, verás cómo la gente habla, haciendo lo posible por imponer su voz a la del otro. Al conversar, en ocasiones dejamos que nuestra mente vague, y si no nos ponemos a pensar en algo por completo distinto, es frecuente que pensemos en lo que vamos a decir dentro de unos pocos minutos, cuando nos llegue el turno de hablar. Si lo que quieres es disfrutar de una interacción sagrada con la otra persona, el primer paso consiste en escucharla de verdad. Escuchar sin juzgar; escuchar sin pensar en lo que vas a decir a continuación. Escuchar, sin más. Al hacerlo, encontrarás que la otra persona está transmitiéndote un mensaje y experimentarás lo sagrado de vuestra conexión.

Muchas escuelas de psicología dan un nombre a este tipo de comportamiento: *escucha activa*. Estas son algunas técnicas útiles para la práctica de la escucha activa:

- Recurre a tu lenguaje corporal y asiente o sonríe para mostrar que te involucras a fondo en la conversación.
- Mira directamente a la persona a quien estás escuchando. Establece contacto visual.
- Trata de no dejarte llevar por pensamientos que te distraigan… ¡Eso incluye lo que vas a decir a continuación!

- Haz preguntas para clarificar lo que el otro está diciendo. De vez en cuando, resume cuanto acaba de exponer, para asegurarte de que efectivamente estás escuchando lo que dice, en lugar de someter sus palabras al prisma de tus propias opiniones y prejuicios.

8

EL DÍA DE LOS MUERTOS

La muerte. Honrar a nuestros ancestros

En la tradición chamánica se hace hincapié en la necesidad de honrar a nuestros ancestros. Como ilustra la analogía del roble referida en la introducción, ninguno de nosotros estaría aquí sin una miríada de acontecimientos previos a nuestro nacimiento. No hay ejemplo más claro que nuestros propios padres, abuelos, bisabuelos, tatarabuelos y demás; todos fueron decisivos para que hoy nos encontremos aquí.

En México contamos con una jornada especial, llamada *Día de los Muertos*, una gran celebración en la que honramos a los familiares y los amigos que ya no están en su envoltura física. Hay quienes consideran que esta celebración tiene origen en el catolicismo, pero en realidad es una tradición mucho más antigua, que ya se daba largo tiempo antes de la conquista española.

El Día de los Muertos hoy es festividad nacional en México, donde las personas se reúnen en cementerios e iglesias para celebrarla. Hay múltiples procesiones y festejos, cuya finalidad siempre es la de honrar a los seres queridos fallecidos. Como sucede en el relato de la creación de lo que hoy es Ciudad de México, en el Día de los Muertos también se da un segundo significado.

Hace largo, largo tiempo, en la actual región mexicana de Chiapas, un muchacho y una muchacha estaban profundamente enamorados. Se sentían felices el uno al lado del otro y tenían previsto casarse. Un día salieron a pasear por la montaña. Estaban riendo y jugando al borde de una catarata cuando, de pronto, el joven resbaló, cayó al agua y los rápidos lo arrastraron a la catarata y a la muerte.

La muchacha lo contempló todo horrorizada y se sintió abrumada por el dolor de la pérdida de su amado. Se culpaba por no haber sido capaz de ayudarlo.

Una vez al año efectuaba una peregrinación a la montaña para honrar a su amado muerto. Visitaba el lugar donde pereció y montaba un pequeño altar con flores. Fue haciéndolo con regularidad, y los demás aldeanos se acostumbraron a salir de sus casas para contemplarla mientras pasaba.

Después de muchos años, llegado el aniversario del suceso fatídico, la mujer emprendió la peregrinación acostumbrada. Esta vez, sin embargo, al llegar a lo alto se encontró con que un gran chamán estaba sentado junto a la catarata. El chamán dijo:

«Honrar a los muertos resulta maravilloso, pero ¿a quién estás honrando en realidad?»

La mujer se sintió confusa.

El chamán prosiguió:

«Si lo que quieres es honrar a los muertos, estás honrando a la persona equivocada. Mírate al espejo. Tú eres la que está muerta. Porque no te permites seguir adelante con tu vida. La persona que vive encadenada al pasado vive encadenada al

miedo y el dolor. Sentirnos culpables no es vivir; sentirnos culpables es morir».

Mientras la joven reflexionaba sobre estas palabras, una brillante esfera de luz apareció sobre la cabeza del chamán, y la mujer supo que se trataba del espíritu de su amado. Efectivamente, del brillante globo luminoso brotó su voz.

«Estoy a tu lado, en todo momento. ¿Me entiendes? Estoy vivo. Pero ¿y tú? ¿Estás viva o estás muerta?»

Esta experiencia transformó a la mujer, que se sintió libre por primera vez en muchos años. Contó a las gentes de la aldea lo que había visto y experimentado, pero nadie le comprendía. Se esforzó en decirles que su amado estaba vivo, que ella era la que había estado muerta, pero nadie la escuchaba. Añadió que ya no iba a continuar haciendo el peregrinaje para honrar al muerto, pero los aldeanos decidieron que ellos mismos lo harían en su lugar, que efectuarían un gran desfile y una gran celebración para honrar a los muertos.

Cuando yo era adolescente, en el curso de un Día de los Muertos en particular, mi abuela me dijo:

«¡Hoy es el día en que celebramos que los muertos siguen vivos!»

En aquel momento no lo entendí bien, pero al crecer y profundizar en las enseñanzas chamánicas, llegué a comprenderlo bien.

Yo mismo estuve muerto una vez; tenía miedo. Estaba asediado por el sentimiento de culpa, la vergüenza y los juicios de valor. Fingía ser quien no era para obtener la aprobación de otros. Dudaba de mí mismo y no era consecuente con lo que predicaba, no abría mi corazón, y usaba las palabras en mi propia contra. Era un adicto al sufrimiento.

El significado más profundo del Día de los Muertos no es la celebración de los seres queridos fallecidos, sino el de recordar a los muertos que siguen viviendo que ha llegado el momento de despertar. Durante el Día de los Muertos, imaginamos que un ser querido vuelve de la tumba. Ve lo mucho que estás sufriendo y te recuerda:

«¡Oye, que estás vivo! ¡No has muerto, sino que estás vivo! ¡Despierta de una vez y celebra la vida! ¡Deja de estar muerto!»

Es el propósito que el Día de los Muertos tiene en la tradición tolteca. Se trata de una invitación a regresar a la vida, a resucitar. Es la oportunidad de renovar tu promesa de acabar con la adicción de la mente al sufrimiento y a vivir a través del *nagual*, o la fuerza vital que se halla en tu interior.

Cuando vemos con absoluta claridad que estamos causando sufrimiento en nuestras propias mentes, comenzamos a vivir de otra forma. Nos olvidamos de fingir lo que no somos y empezamos a ser lo que sí que somos; aprendemos a dar la bienvenida a lo que viene hacia nosotros, en lugar de combatirlo. Al comprender que somos una especie de muertos vivientes porque nuestra adicción al sufrimiento nos impide estar vivos, entonces tenemos la oportunidad de vivir de verdad, no ya tan solo a través de nuestros cuerpos físicos, sino con todo el amor que anida en nuestros corazones. Es lo que significa la resurrección. No es que muramos y volvamos envueltos en un nuevo cuerpo, ni nada parecido; lo que sucede es que nos desprendemos de nuestra antigua manera de vivir la existencia y entramos en conexión con el *nagual* que está en todas partes a la vez que está en el interior de todos nosotros. Es entonces cuando resucitamos de entre los muertos. Y una vez más estamos vivos.

La celebración de la vida

Una de las última cosas que mi abuela me enseñó antes de efectuar su propia transición fue:

«Nieto mío, estás vivo. No dejes que tu mente, tu negatividad, venza a lo mejor que hay en ti. Un día dejarás de ser un adicto al sufrimiento. Y te darás cuenta de que ya no estás muerto en absoluto, de que estás vivo, porque celebras la vida».

¡La celebración de la vida empieza por divertirnos! Es frecuente que busquemos nuestra felicidad personal con tanto empeño y seriedad como para olvidarnos de que el camino chamánico también incluye el humor y la diversión. Podemos poner tanta concentración en nuestro trabajo interior y exterior como para olvidar que una estruendosa carcajada es uno de los mejores antídotos contra la adicción de la mente al sufrimiento.

El disfrute de la vida, hacer cosas sin otra razón que divertirnos, forma parte del mantenimiento de nuestro equilibrio. La adicción de la mente al sufrimiento a veces puede tratar de dificultarlo recordándonos lo que tenemos que hacer o conseguir a continuación. Se trata de una trampa en la que caemos con frecuencia, y más en el mundo moderno.

A nivel más profundo, la celebración de la vida no es algo a reservar para los buenos tiempos, sino que también ha de tener lugar en las malas épocas. En otras palabras, cuando vemos que todo cuanto nos sucede en la vida es un regalo, en vez de una tragedia, podemos empezar a celebrar no ya únicamente las cosas que suelen alegrarnos (un cumpleaños, un ascenso profesional, unas vacaciones), sino también lo que usualmente consideramos como experiencias negativas (un despido laboral, la pérdida de un ser querido, un divorcio).

Consideramos que estos últimos acontecimientos son «malos» porque nuestros juicios de valor, nuestras creencias y nuestras domesticaciones nos han inculcado que perder algo o a alguien resulta negativo y, en según qué casos, incluso es muestra de un fracaso personal. Pero, a medida que profundizamos en la comprensión del amor y de la vida, dejamos de percibir estas formas de cambio como fracasos y hasta como acontecimientos negativos; ahora sabemos que son una oportunidad para aprender a desprendernos de algunas cosas, para dejar espacio a algo nuevo, para fluir con los ciclos de la existencia. Es posible que el cambio resulte doloroso en su momento, pero también puedes celebrarlo sumido en la tristeza y con lágrimas en los ojos, pues tienes fe en que la vida asimismo te tiene preparadas otras cosas.

Esta celebración en ocasiones tiene lugar poco a poco; al principio, sencillamente, puedes alegrarte de haber sobrevivido a la experiencia, por poner un ejemplo, pero con el tiempo aprendes a celebrar tales cambios por la oportunidad que te ofrecen de aportar profundidad y sabiduría a tu ser. Te enseñan que puedes rehacerte de cualquier contrariedad, que estás a salvo en presencia de lo divino y que, por difícil que resulte una situación, terminarás por salir a flote porque eres la vida.

En el chamanismo, la celebración de la vida implica contar con un corazón abierto y agradecido a todas las cosas que la existencia nos brinda. Este corazón abierto es lo que te permite ver más allá de lo que la mente típicamente etiqueta como «bueno» o «malo», suficiente o insuficiente, incluso feliz y triste. Cuando resides en el *nagual* inscrito en todas las cosas, encuentras que eres capaz de mantener tu corazón abierto incluso en caso de atentados terroristas, desastres naturales y demás pesadillas que tienen lugar en el Sueño del Planeta. La alternativa es que las situaciones de este tipo vuelvan a sumirte en la adicción al sufrimiento, lo que supone entrar otra vez en el ciclo de la negatividad.

La celebración de la vida no supone que no vayas a experimentar emociones tan normales como la tristeza y el dolor. Uno de los rasgos más hermosos del ser humano es nuestra capacidad de albergar múltiples emociones, positivas y negativas, de forma simultánea. Lo que significa que puedes sentir tales emociones sin combatirlas, sin convertirlas en venenos emocionales como la rabia, la sed de venganza o el odio.

La aceptación de una tragedia con el corazón abierto es una de las prácticas más difíciles que existen. Hace falta gran valor para intentarlo.

Celebra tu perfección

Con frecuencia nos aferramos a los viejos conceptos del vicio y la virtud, de lo suficiente y de lo insuficiente. Es otra de las cosas que nos llevan a vivir como si estuviéramos muertos. A fin de celebrar nuestra perfección, tenemos que abandonar la idea de que somos un proyecto u objetivo mejorable. Porque no hay nada malo en ti. Eres perfecto tal y como eres en este momento.

La adicción al sufrimiento resulta traicionera y escurridiza, y la búsqueda de tu yo «perfecto» en realidad es otra forma de permanecer paralizado por la adicción. No necesitas ser el chamán «perfecto». Ya eres el chamán perfecto.

No hay nada malo en ti, incluso cuando estás sufriendo o creando sufrimiento. El sufrimiento ni por asomo implica que seas imperfecto o impotente. Vivir sumido en el sufrimiento tan solo significa que, en este momento preciso, has escogido el sufrimiento en lugar de la paz. Son cosas que pasan. Y le pasa a todo el mundo en el planeta. Como mi abuelita me explicó, el sufrimiento no es un estado permanente del ser. Esto es lo que estás empezando a intuir, a comprender: que puedes escoger la paz en lugar del sufrimiento, y a la inversa. Hace falta un poco de tiempo para cobrar conciencia de este hecho, pero la semilla ya ha sido plantada.

En muchos casos, una de las cosas más difíciles es aceptar nuestra perfección. Con frecuencia nos examinamos, examinamos nuestras vidas o nuestros momentos en la vida, y nos sentimos obligados a estar a la altura de un objetivo o ideal que la domesticación nos ha hecho creer que es el deseable en nuestro caso. Cuando no estamos al nivel de tan imposibles expectativas, nos vilipendiamos, y la negatividad hace acto de presencia. Este proceso nos lleva a crear el sufrimiento necesario para alimentar la adicción en nuestras mentes.

Resulta difícil liberarnos de él, porque han estado enseñándonos a abrazar este sufrimiento desde que éramos niños, durante años y más años. Se trata de la forma de ver las cosas predominante en el Sueño del Planeta, por lo que hacen falta tiempo y práctica para desprenderse de ella.

Esto es lo principal que tienes que recordar, un mensaje que te envío de corazón, con total sinceridad:

Eres perfecto, amigo mío, tal y como eres en este
preciso momento. ¡Celébralo!

La celebración de los ancestros

La tradición del Día de los Muertos es un recordatorio de que
vivimos como si ya estuviéramos muertos, pero también es una
importante celebración de nuestros ancestros. En la tradición
tolteca honramos a nuestros ancestros, con alegría y gratitud, en
lugar de tristeza. Este día es una celebración.

La tristeza es natural y normal; de ninguna de las maneras
estoy sugiriendo que sofoques o escondas la tristeza provocada
por el fallecimiento de un ser querido. Por supuesto, tienes que
compartir y manejarte con tu tristeza tanto como sea necesario.
Lo que te pido es distinto: cada vez que te acuerdes de tus ancestros y seres queridos fallecidos, acuérdate también de la brillante luz del amor que en realidad son al nivel más profundo,
como ejemplifica la luz deslumbrante aparecida ante la mujer
en la montaña. La luz dijo a esta mujer que volviera a la vida en
lugar de seguir viviendo en la muerte. Es el mismo mensaje que
la brillante luz de tus seres queridos está transmitiéndote. A

medida que regreses a la vida y dejes de vivir en la muerte, el dolor por su pérdida irá atenuándose de forma gradual, y te acordarás de los regalos que te brindaron y que brindaron al mundo entero.

Para muchas personas, la circunstancia de que cada cuerpo físico esté destinado a morir nos resulta indeseable y negativa; sin embargo, es una de las cosas que hacen que la vida sea tan hermosa. El conocimiento de que nuestros cuerpos un día van a fallecer es lo que nos empuja a valorar y disfrutar aún más del Sueño del Planeta y a vivir en el momento presente.

Es una verdad fundamental que todo cuanto nace está destinado a morir. Tu cuerpo un día nació, y ello implica que un día morirá. Esto vale para todos nosotros, y para todo ser viviente también. Pero también es cierto que tú no eres tu cuerpo, y que gran parte de tu sufrimiento tiene origen en la errónea convicción de que sí que lo eres. Si así lo creemos, la consecuencia es que pensamos que la muerte resulta negativa, porque es el fin de todos nosotros… ¡Una idea aterradora, si fuera verdad! Por fortuna, no es más que una construcción de la mente.

Somos energía y estamos hechos de la misma energía del amor y la vida que todo cuanto nos rodea, el *nagual*. El *nagual* no tiene fin, nunca termina. No hay un día en el que vaya a morir.

El *nagual* es eterno, y dado que todos estamos hechos del mismo *nagual*, también somos eternos y estamos en constante expansión. ¿Cómo podríamos ser otra cosa? Nuestros cuerpos perecerán —y no sabemos qué es lo que pasa a continuación—, pero no hemos de temer en absoluto. Sencillamente, se trata de un nuevo viaje, de una nueva oportunidad, de una nueva aventura. Motivo por el que la muerte es tan hermosa, y por el que puede resultar tan hermosa como un nacimiento; al igual que un nacimiento, supone adentrarse en un nuevo estado del ser. No somos la materia física de nuestros cuerpos, sino que somos energía. Y la energía ni se crea ni se destruye.

Ejercicios

Una práctica diaria de gratitud para celebrar la vida

Mi padre suele decir que podemos hacer que este mundo sea nuestro cielo perfecto o nuestro perfecto infierno, y tan solo a ti te corresponde escoger. En mi experiencia, el cultivo de la gratitud en nuestro interior es la clave de la celebración, y la celebración, a su vez, es la clave para crear el cielo.

Te propongo que escribas un listado de las cosas que más agradeces al levantarte por la mañana. Puede ser todo aquello que te produce una sensación de gratitud. Hay días en los que, sencillamente, me siento satisfecho por haberme despertado y porque el sol brilla; me resulta suficiente. Otros días estoy henchido de gratitud por la vida, los amigos, la familia, las mascotas, los proyectos y cualquier otro elemento que está presente en mi día a día. Al crear este listado por la mañana, establecerás el estado de ánimo imperante durante la jornada, marcado por el agradecimiento y el reconocimiento.

Una vez que hayas escrito el listado, léelo en voz alta de forma pausada, con emoción. En la mente tiene lugar algo mágico al escuchar las palabras verbalizadas con emoción, y notas que esa emoción es más profunda que si te limitaras a leer las palabras en silencio o sin entonación. Tras leer la lista en voz alta, siéntate en silencio con los ojos cerrados y disfruta de la sensación de gratitud hacia todo lo que has anotado en el papel. La clave reside en perfeccionar dicha sensación de gratitud, pulimentarla hasta que resulte nítida, pues la sensación de gratitud que reconoces te será de ayuda durante el resto de la jornada.

Al final del día, cuando te acuestes para dormir, acuérdate del listado que hiciste por la mañana y haz que la gratitud te acompañe en tus sueños.

Contempla tu perfección en cada espejo

En un ejercicio anterior propuse que te situaras frente al espejo por las mañanas y te dijeras que eres perfecto. Ahora quiero llevar esta práctica más allá.

Cada vez que pases ante un espejo, atisba tu reflejo con el rabillo del ojo y repítete, en voz alta (si es posible): «Soy perfecto».

Quiero que te digas que cada espejo es la oportunidad de reconocer tu perfección: cuando estás lavándote las manos en los servicios de tu oficina, cuando atisbas tu ojo en el retrovisor durante la hora punta del tráfico, cuando tienes que esperar un segundo a que una puerta corredera de cristal termine de abrirse. Piensa en todas las superficies reflectantes que te encuentras a lo largo del día, en todas aquellas en las que ves tu propia imagen. ¿Cuántas veces las has utilizado para detectar y señalar tus propias imperfecciones? Quiero que ahora las uses para decirte «Soy perfecto» el mismo número de veces.

La creación de un altar para los ancestros

En la tradición del Día de los Muertos, la familia crea un altar en el que se depositan ofrendas para los seres queridos fallecidos. En el altar hay fotografías u objetos que los finados tenían en especial estima. Algunas familias incluyen iconografía religiosa o espiritual como una forma de bendición. En el altar tradicional también hay cirios, flores, dulces, alimentos o bebidas espirituosas e incluso dinero en efectivo. Todo ello simboliza la acción de celebrar y compartir, no ya tan solo con los que están presentes en la vida, sino también con los muertos.

En lo que nos atañe, sabemos que el Día de los Muertos nos recuerda que tenemos que levantarnos de entre los muertos y empezar a vivir la vida otra vez, de modo que el nuestro será un altar algo distinto de los tradicionales, con los que seguirá guardando parecido. También vamos a utilizar este altar de modo similar: no tan solo para honrar y dar las gracias a nuestros seres queridos fallecidos, sino también como diario recordatorio de que tenemos que asegurarnos de estar vivos de verdad.

Estas son algunas de las cosas que puedes incluir en tu propio altar:

- Una bonita bufanda o un bonito pañuelo.
- Fotografías de familia (de ti, de familiares fallecidos, de otras personas a las que quieras honrar).
- Flores (pueden ser de plástico, si te propones mantener el altar durante todo el año, si bien las flores naturales siempre son muy bonitas).

- Objetos, artículos, recuerdos vinculados a los fallecidos o que te resultan significativos por una razón u otra.
- Cirios o incienso.

Es frecuente situar el pañuelo o la bufanda como base sobre la que disponer de forma vistosa los cirios, las fotografías, las flores y demás. En todo caso, lo fundamental es que lo arregles todo de la manera que te resulte más bonita e inspiradora. Lo único que me atrevo a sugerir es que incorpores cuanto más color mejor. Al fin y al cabo, el Día de los Muertos es una celebración, y conviene evitar las connotaciones negativas que el negro muchas veces suscita de forma inconsciente.

Una vez que hayas construido tu altar, detente a contemplarlo una vez al día y aprovecha la oportunidad para «entrar en contacto», no ya solo con los seres queridos que no están físicamente presentes, sino contigo mismo además. No tengas reparo en dirigirte a tus seres queridos como si estuvieran sentados a tu lado; charla con ellos y cuéntales cómo ha ido la jornada o qué preocupaciones tienes en mente estos días. A continuación, antes de marcharte, siéntate a meditar, reflexiona sobre lo que acabas de compartir y espera a ver qué pasa.

Es posible que las respuestas no te lleguen de inmediato, pero la utilización del altar como lugar ante el que reflexionar sobre tu propia vida y tu propia muerte te ayudará a recordar cuál es tu verdadero objetivo y conseguirá que cada día sea un Día de los Muertos, una oportunidad para aprender a estar vivo.

EPÍLOGO

Llegados al final de este libro, quiero hablarte de otro maestro espiritual indio del siglo veinte: Jiddu Krishnamurti.

Crecido en un mísero arrabal, Krishnamurti fue «descubierto» por miembros de la Sociedad Teosófica, una organización espiritual fundada en Estados Unidos a finales del siglo diecinueve y principamente integrada por occidentales. Muchos de los miembros de la Sociedad Teosófica estaban convencidos de que Krishnamurti era un maestro reencarnado; algunos de ellos incluso consideraban que su existencia señalaba la segunda venida de Jesucristo. Motivo por el que se hicieron cargo de él y lo llevaron a Europa, con la idea de educarlo y prepararlo para que se convirtiera en el futuro líder de la Orden de la Estrella, uno de los subgrupos de la sociedad.

Cuando Krishnamurti alcanzara la mayoría de edad asumiría la jefatura de la orden y pronunciaría su primer discurso en su nueva calidad de «Maestro del Mundo». Millares de personas asistieron a la ceremonia el 3 de agosto de 1929, y muchas más estuvieron siguiéndola en todo el mundo a través del novedoso medio radiofónico. Krishnamurti empezó por relatar la siguiente historia:

El demonio estaba caminando con un amigo por la calle. De pronto vieron que un hombre se agachaba y recogía algo del suelo. Lo miró y se lo metió en el bolsillo.

El amigo preguntó al diablo:

«¿Qué es eso que ha recogido?»

«Un fragmento de la Verdad», respondió el demonio.

«Vaya... Eso no te conviene, ¿no?», apuntó el otro.

«Ya lo creo que me conviene —dijo el demonio—. Tan solo he de dejar que se ocupe de organizarla.»

A continuación, Krishnamurti declaró que su primera acción como jefe de la orden iba a ser la de disolver la orden. Según agregó:

«La verdad es un campo sin caminos... Cuando empiezas a seguir a alguien, cesas de seguir la verdad».

Resultó que la Sociedad Teosófica, efectivamente, había dado con un gran líder espiritual, pero no del modo previsto.

Otro tanto sucede con el chamán.

Eres un chamán cuando sabes que la verdad que andas buscando se encuentra en tu seno. No hay alguien a quien seguir, ninguna organización puede guiarte, porque tú eres el artista creador de tu propia vida y sabes que el poder de crear tu obra maestra reside en tus propias manos.

Como artista, puedes crear lo que quieras. Puedes crear algo bonito o algo pavoroso, el cielo más hermoso o el infierno más perfecto; todo depende de ti. Como chamán, sabes que, a la hora de crear el cielo perfecto, tu principal enemigo es la adicción de la mente al sufrimiento.

Cuando reflexiones sobre estos relatos, espero que veas que los chamanes no son antiguos maestros cuya época quedó atrás, sino que son instructores que siguen bien vivos y cuyos mensajes hoy tienen tanta relevancia como la que tenían hace centenares y millares de años. Te invito a utilizar estas historias y las herramientas que simbolizan para dar un paso adelante y ponerle fin al ciclo del sufrimiento perpetuado por tu mente, para soñar tus propias posibilidades y para hacer que se manifiesten.

Tuyas son estas herramientas. Son las herramientas del sol, de la luna, de la selva, del río, de los animales... y, lo principal, todas señalan el poder que procede de tu interior.

Se trata de la sabiduría del chamán.

SOBRE EL AUTOR

Don Jose Ruiz nació en Ciudad de México y creció en Tijuana. Desde su niñez fue guiado por los muchos maestros presentes en su existencia, como su madre, Maria, su padre, don Miguel, y su abuela, Sarita.

En su calidad de *nagual* (la palabra en lengua náhuatl que describe al chamán), Jose amplía con nuevas percepciones la ancestral sabiduría de su familia, traduciéndola a conceptos prácticos, vinculados a la vida cotidiana, que favorecen la transformación por medio de la verdad, el amor y el sentido común. Jose ha dedicado su vida a compartir esta sabiduría de los toltecas, y recorre el mundo para ayudar a otros a encontrar su propia verdad personal.

Además de haber escrito *La sabiduría de los chamanes*, don Jose Ruiz es coautor de *El quinto acuerdo*, en colaboración con su padre, don Miguel Ruiz, el autor de *Los cuatro acuerdos*.

ECOSISTEMA DIGITAL

NUESTRO PUNTO
DE ENCUENTRO

www.edicionesurano.com

2 AMABOOK
Disfruta de tu rincón de lectura
y accede a todas nuestras **novedades**
en modo compra.
www.amabook.com

3 SUSCRIBOOKS
El límite lo pones tú,
lectura sin freno,
en modo suscripción.
www.suscribooks.com

DISFRUTA DE 1 MES
DE LECTURA GRATIS

f g+ quieroleer ✓

You Tube

P

1 REDES SOCIALES:
Amplio abanico
de redes para que
participes activamente.

4 APPS Y DESCARGAS
Apps que te
permitirán leer e
**interactuar con
otros lectores**.

 iOS